PRESOS
QUE
MENSTRUAM

NANA QUEIROZ

PRESOS QUE MENSTRUAM

11ª edição

EDITORA RECORD
RIO DE JANEIRO • SÃO PAULO
2019

CIP-BRASIL. CATALOGAÇÃO NA PUBLICAÇÃO
SINDICATO NACIONAL DOS EDITORES DE LIVROS, RJ

Q44p
11ª ed.
    Queiroz, Nana
        Presos que menstruam / Nana Queiroz. – 11ª ed. – Rio de Janeiro: Record, 2019.

        ISBN 978-85-01-10367-3

        1. Prisioneiras – Brasil – História. 2. Prisões – Prisões femininas – História. I. Título.

15-20992
                              CDD: 365.430981
                              CDU: 365.9

Copyright © Nana Queiroz, 2015

Todos os direitos reservados. Proibida a reprodução, armazenamento ou transmissão de partes deste livro, através de quaisquer meios, sem prévia autorização por escrito.

Texto revisado segundo o novo Acordo Ortográfico da Língua Portuguesa.

Direitos exclusivos desta edição reservados pela
EDITORA RECORD LTDA.
Rua Argentina, 171 – 20921-380 – Rio de Janeiro, RJ – Tel.: (21) 2585-2000.

Impresso no Brasil

ISBN 978-85-01-10367-3

Seja um leitor preferencial Record.
Cadastre-se em www.record.com.br e receba informações sobre nossos lançamentos e nossas promoções.

EDITORA AFILIADA

Atendimento direto ao leitor:
sac@record.com.br

*A meus pais, que me deram olhos para ver os outros.
E a João, que me ensina, todos os dias, como usá-los.*

"Para o Estado e a sociedade, parece que existem somente 440 mil homens e nenhuma mulher nas prisões do país. Só que, uma vez por mês, aproximadamente 28 mil desses presos menstruam."

> *Heidi Ann Cerneka, coordenadora da Pastoral Carcerária nacional para as questões femininas, em artigo de setembro de 2009, que serviu de inspiração para o título e o tom deste livro.*

Sumário

Agradecimentos — 13
Índice de personagens por capítulo — 15
Prefácio — 17

Leite, fraldas e potes de açúcar — 21
Gardênia — 31
Júlia gosta do tipo errado — 35
Maria-João — 43
Joe — 51
O barulho do tiro — 57
Em família — 61
Seu juiz — 65
Encantados — 67
A sentença do filho — 71
Maria de Nazaré — 79
Socorro — 85
Uma fita colorida e a história de uma presa com o nome da minha mãe — 93
Os filhos de Camila — 97
Índia morena — 103

Carolina, que sempre foi mãe de uma garotinha	111
Filhos do cárcere	115
Tortura	121
Fuga	123
Um presídio com a história do Brasil	131
Seios de fora	135
Seios de pedra	141
A prisão para uma estudante de direito	145
As histórias de Heidi	151
Opinião de gaioleiro	155
Uma mala, uma mula	157
Esmeralda	163
Dizeres	165
Biblioteca	167
Big Brother	175
Andando pelas carnes	177
Vinte rebentos	179
Outro Pará	185
Mara e o medo	193
Quanto menos virem grades	195
Advogado	201
O efeito Suzane	203
Instinto	211
Pedra bruta	213
Brigada com a morte	217
Desespero	219
O um-dois-um de Gardênia	221
Inocente	227
Inocente II	229
Romance de cadeia	231

Ninho	239
Em busca de Maria Bonita	241
Os guardas	243
Incidente	245
Skyline	247
Ser lésbica × estar lésbica na cadeia	249
Amor em espaços de cólera	257
A hora da estrela de Vânia	261
Continuum	265
Esposa?	269
Maria sofrida	277
Vanessa	279
Eru	283
Dia das Mães	287

Agradecimentos

Às corajosas mulheres que confiaram suas histórias a mim.

Ao João, meu companheiro e primeiro leitor.

À Rosália, que me inspirava com seus causos incríveis à mesa do jantar e sem a qual este livro nunca teria existido.

A Eugênio Bucci, Rosana Soares e Solange Azevedo, que me estimularam a confiar neste trabalho desde que ele era um projeto de universitária.

Às fervorosas ativistas da causa da mulher presa, em especial Heidi Cerneka —vocês me inspiram.

Às almas gentis que receberam essa escritora de primeira viagem em suas casas, enquanto ela visitava presídios e cadeias públicas sem poder pagar hotéis: Socorro, Pablo, Carla (e o ainda não nascido Bernardo), Glicéria, Maísa e José Aurélio.

Às queridas Aline Moraes, Renata Vieira e Daniela Alarcon, por sua crítica amiga.

Ao tio Chico, que nutriu este livro com o café que só ele sabe preparar.

À Ieda, cuja sensibilidade preciosa tento imitar desde menina. E a Carlos, que dizia achar que escrever era bobagem, mas sempre compunha poemas para mim quando viajava.

Índice de personagens por capítulo

Safira
Leite, fraldas e potes de açúcar   21
O barulho do tiro   57
Seios de fora   135
Pedra bruta   213
Romance de cadeia   231
Dia das Mães   287

Gardênia
Gardênia   31
A sentença do filho   71
Andando pelas carnes   177
Quanto menos virem grades   195
O um-dois-um de Gardênia   221
Maria sofrida   277
Dia das Mães   287

Júlia
Júlia gosta do tipo errado   35
A prisão para uma estudante de direito   145
Instinto   211
Continuum   265
Vanessa   279
Dia das Mães   287

Vera
Maria-João   43
Tortura   121
Ser lésbica × estar lésbica na cadeia   249
Esposa?   269
Dia das Mães   287

Camila
Joe   51
Os filhos de Camila   97
Esmeralda   163
Brigada com a morte   217
Inocente II   229
Dia das Mães   287

Glicéria
Encantados   67
Índia morena   103
Seios de pedra   141
Eru   283

Marcela
Ser lésbica × estar lésbica na cadeia   249
Esposa?   269
Dia das Mães   287

Prefácio

O começo de minha pesquisa para este livro foi uma coleção de silêncios. As prateleiras das bibliotecas se calavam sobre as prisões femininas brasileiras. O cinema e a TV fingiam que elas nem existiam, a não ser para dar fim a uma ou outra vilã de novela ou uma trama de superação a uma mocinha injustiçada. Os jornais pouco falavam sobre o assunto e as reportagens que encontrei apenas tocavam a superfície de determinados problemas. Depois, veio a indiferença das secretarias de segurança pública. Algumas nem sequer respondiam a pedidos de visita, outras os negavam sob os mais diversos pretextos.

Foi preciso paciência para atravessar uma barreira de cada vez. Aproximar-me de famílias de presidiárias, fazer visitas me passando por amiga de infância, acampar em portas de presídios, aceitar trabalhos voluntários. Mesmo quando consegui autorizações oficiais, nunca me foi permitido levar câmeras ou gravadores e tive que desenvolver uma memória robusta. Muitas vezes, deixava o presídio repetindo frases em sussurros, feito ave-marias, para não esquecer exatamente como foram ditas. Noutras, anotava tudo nas mãos ou em pequenos pedaços de papel que carregava nos bolsos. Era, afinal, possível quebrar silêncios.

Adentrei esse mundo me lembrando de ser uma mulher falando com outras mulheres. Trouxe meu olfato, meu paladar, minha visão, minha audição e meu tato, mas também meu coração, porque acredito que a realidade não é completa se não é sentida e que os jornalistas fariam relatos melhores se compreendessem os sabores emocionais das realidades. Nas bordas do sistema, conheci mulheres que ganharam meu interesse, minha empatia e até meu afeto.

Eu não queria forçar minhas próprias relações de causa e efeito nas histórias, então decidi que as contaria em fragmentos. Este livro é uma colcha de retalhos costurada ao longo de quatro anos. A linha e a agulha são entrevistas, visitas aos presídios, livros, artigos, estudos e processos judiciais de minhas personagens. O tecido é composto por trechos de vida de sete mulheres com quem me encontrei diversas vezes e de algumas outras detentas que cruzaram meu caminho de forma passageira. Dispus as histórias em ordem temática, mas se preferir um encontro um a um com essas mulheres, basta consultar o índice de personagens por capítulo, no início do livro.

Optei por manter o sabor da gramática das cadeias e o idioma das periferias que lotam as prisões do Brasil. A informalidade, as gírias e a burla à norma culta da língua são informações importantes sobre as origens e a personalidade de cada mulher aqui retratada. Trazem um pouco também das cinco regiões do Brasil pelas quais viajam esses relatos.

Durante essas viagens ao submundo, descobri que não era apenas o governo que nos impedia de falar sobre o assunto. Tabus são mantidos, também, pelos que se recusam a falar sobre eles. E nós, enquanto sociedade, evitamos falar de mulheres encarceradas. Convencemos a nós mesmos de que certos aspectos da feminilidade não existirão se nós não os nomearmos ou se só falarmos deles bem baixinho. Assim, ignoramos as transgressões de mulheres como se pudéssemos manter isso em segredo, a fim de controlar aquelas que ainda não se rebelaram contra o ideal da "feminilidade pacífica". Ou não crescemos ouvindo que a violência faz parte da natureza do homem, mas não da mulher?

É fácil esquecer que mulheres são mulheres sob a desculpa de que todos os criminosos devem ser tratados de maneira idêntica. Mas a igualdade é desigual quando se esquecem as diferenças. É pelas gestantes, os bebês nascidos no chão das cadeias e as lésbicas que não podem receber visitas de suas esposas e filhos que temos que lembrar que alguns desses presos, sim, menstruam.

Leite, fraldas e potes de açúcar

Despejou o leite devagarinho no copo de café, curtindo cada gota que caía com aquela satisfação que as pessoas sentem quando veem o mar pela primeira vez, conhecem o amor de suas vidas ou descobrem que se curaram de uma doença grave. Depois de quase seis anos, era a primeira vez que Safira podia fazer o café da manhã dos dois filhos — um de seus desejos imediatos na sua primeira saída do presídio no regime semiaberto.

Colocou os copos na mesa, sorridente. Um dos meninos olhou aquilo com estranheza.

— Mas você não sabe, mãe, que a gente não toma café, só toma Toddy?

A frase caiu sobre ela com o peso dos anos perdidos. Em sete anos de prisão, chegara a ficar três sem vê-los. Perdeu o primeiro dia de aula, a primeira vez que andaram de bicicleta. O mais velho, de 13 anos, já tinha até uma namorada.

"Eu não conheço meus filhos. Eu sou assim: eles sabem que eu sou a mãe deles, mas praticamente sou uma desconhecida. Além de eu ter que me adaptar às coisas que eu perdi todo esse período que estive presa, eu tenho que aprender a conhecer os MEUS filhos", pensou.

Entre tantas imagens fortes de tortura, privações e dias na solitária, é essa a cena com a qual Safira resolve começar a sua história. Enquanto fala, os olhos grandes e espertos me fitam com firmeza e sem vergonha alguma, apesar de ser o nosso primeiro encontro. Ela não estava constrangida, não precisava se acostumar comigo como as outras — era simplesmente confortável em ser e se deixar ver. Mesmo assim, as mãos ficam sobre a mesa, imóveis, a postura ereta, as palavras escolhidas cuidadosamente — tudo transmite uma mensagem de absoluto respeito, como se eu fosse mais uma das guardas a quem ela deve se sujeitar todos os dias. A voz baixa vai ficando mais empolgada conforme o relato segue, mas continua se referindo a mim sempre como "senhora". Seu corpo internalizou a obediência, os olhos não. E eles me olham a fundo, insolentes, me encarando, me despindo, como se ela tivesse a certeza de que se submetia por vontade própria e não porque era de alguma maneira inferior — eu também devia ter crimes pessoais dos quais me arrependia — e ela podia ver nos meus olhos que éramos iguais. Fazia com que eu visse isso também. Talvez o olhar fosse uma das razões para que ela ganhasse o apelido. Quando se apresentou a mim, disse logo que devia chamá-la de Safira, seu nome de presa. Perguntei o porquê do nome.

— Porque sou sincera, transparente como uma safira.

Já nesse primeiro contato eu tive certeza de que não havia um apelido que lhe caísse melhor do que aquele. Era dura como uma safira também. Assim que foi "privada da liberdade", como ela gostava de dizer, se impôs no presídio. Brigou a punhos livres, se envolveu com facções criminosas, liderou pequenas rebeliões.

Não poderia ser muito diferente. Durante toda sua vida, Safira sempre teve uma personalidade dura, incansável, até mesmo um espírito de liderança meio destrutivo. Nasceu em uma favela de Guarulhos, na Grande São Paulo e, quando era ainda muito pequena, ela, a mãe e a irmã foram abandonadas pelo pai. A mãe se casou de novo com um homem de origem simples e teve mais quatro filhos.

Safira conheceu o pai biológico aos 13 anos. A relação foi fria e um novo encontro só ocorreu quase um ano mais tarde, aos 14, mesma idade com que conheceu Josiel, o pai de seus filhos.

Josiel era segurança do primeiro supermercado em que Safira conseguiu um trabalho formal, na época em que era permitido obter registro profissional aos 14 anos. Não é difícil imaginar por que aquele homem, 13 anos mais velho, se interessou pela garota. A pobreza não fazia pouco da beleza de Safira, que tinha olhos sedutores e a boca carnuda. O corpo era feito desde muito cedo.

A pobreza fez com que a cabeça amadurecesse tão logo as curvas tomaram forma. Começou a trabalhar desde quando pôde, ajudando nas tarefas de casa, inicialmente, depois em pequenos trabalhos informais, até atingir a idade correta para tirar carteira de trabalho. Safira sempre sentiu certa responsabilidade pelos irmãos mais novos e não conseguia imaginar-se chegando em casa para comer sem ter pagado, ao menos em parte, a refeição.

A mãe e o padrasto não reconheciam o esforço como mérito, mas como uma responsabilidade natural dos seres humanos. Essa história de gastar a vida na escola era uma frescura à qual nenhum deles podia se dar ao luxo. Safira internalizou aquela visão de mundo, largou a escola aos 14 anos e se convenceu de que as pessoas batalhadoras, com esforço suficiente, sempre chegariam aonde quisessem. Com ela não seria diferente.

Apanhava e sofria humilhações da mãe e do padrasto, que eram pessoas massacradas pelo peso de suas vidas. Guardava essas desavenças em uma caixinha à qual dava pouca importância e pegava pó no canto de sua memória. No tempo que sobrava entre as surras, o trabalho e os serviços domésticos, sonhava com amores e carinhos. Era o tipo de garota que passava as tardes de domingo lavando a louça ao som de fitas gravadas em casa com músicas românticas que tocavam nas rádios.

Quando Josiel apareceu, Safira quase sentiu que não precisava mais do pai. Aquele homem mais velho tinha a maturidade necessária para cuidar dela e a tratava com tanto carinho e cortesia quanto nos seus sonhos à beira da pia. Além do mais, se derretia diante de sua juventude e vitalidade e, secretamente, ela sabia que ele não acreditava que podia conquistar algo melhor. Caiu nos braços dele como os cãezinhos de rua se atiram nos braços de qualquer um que se dispõe a levá-los para casa.

Se era segurança, deduziu, estava na categoria de pessoas batalhadoras que idealizava. Se lhe dava atenção e carinho, concluiu, é porque não era violento como o padrasto. Se estava ao seu lado, é porque nunca a abandonaria, como nas letras dos pagodes dos anos 1990. Entregou-se a ele.

Quando a mãe soube do ocorrido, se deu conta de que Safira poderia deixar de ser uma fonte de renda para a casa para se tornar um dispêndio. Visualizou a casa com o marido agressivo, as quatro crianças e duas adolescentes dividindo o espaço apertado (e a pouca comida) e um bebê chorando pelos cantos, fazendo cocô e bagunça. Era uma migrante nordestina que nunca havia dado muito certo na cidade grande e nem conseguido absorver uma mentalidade que não fosse a do lugarejo em que crescera. Dedicava às mulheres que dormiam com homens antes de se casar ainda menos respeito do que às dondocas que tratavam cachorros como crianças. Enlouqueceu com a ideia de Safira, tão pouco instruída, se aventurando na cama de um homem mais velho. Chamou-a para uma conversa séria:

— Vai tê que ir morar com ele!

Safira resistiu. Difícil saber de onde veio tal noção, mas a menina entendia que era jovem demais para o casamento e, mais ainda, para a maternidade.

— Mas, mãe, eu não quero isso pra minha vida...

Não houve argumento que persuadisse a mulher. Estava convencida de que Safira devia juntar os trapos com o sujeito em nome dos bons costumes e da economia doméstica. Ao cabo de alguns dias, a própria Safira se convenceu de que a decisão era acertada. Afinal, com Josiel, ao menos se livraria dos abusos da casa da mãe.

A realidade violentou suas expectativas e sua inocência. Safira acabou procurando exatamente o tipo de homem que reproduzia o lar no qual ela tinha crescido. Na primeira vez em que ele a acertou com tapa na cara, três meses após a mudança, Safira era ainda uma menina. Como menina, perdoou, e como mulher, insistiu na relação. Relevou as traições, as bebedeiras, as pancadas, os sumiços, as humilhações. Refugiava-se na infância para reconstruir o conto de fadas. Apoiava-se na força de mulher para resistir à violência. Ia e vinha entre os dois lados de si mesma.

Dois anos depois, porém, nasceu seu primeiro filho, Pedro, e a menina foi-se de vez. A postura de Safira diante da vida e da relação mudou. Deu fim às ilusões, voltou à escola e quase chegou a concluir o ensino médio.

De repente, como nessas iluminações de santos, se deu conta de que estava reproduzindo os passos da mãe. A rotina violenta e desrespeitosa a que sujeitava seu menino não era melhor do que a mãe lhe havia dado com o padrasto.

"Eu vou embora, não quero que meu filho seja criado da mesma forma que eu", disse para si mesma.

Buscou refúgio na casa do pai, sobre quem ainda guardava alguma fantasia. O pai havia se casado novamente, com uma mulher que não tolerava bem lembranças do passado do marido. E Safira era uma incômoda memória viva. Durante quase um ano, a relação entre as duas foi se desgastando, as discussões se intensificando. Quando teve que escolher, como havia feito antes, o pai optou pela própria felicidade, e expulsou filha e neto de casa.

Com Pedro no colo, 18 anos recém-completados, sem emprego, Safira entrou em colapso emocional. Foi acolhida por uma amiga, depois outra, de casa em casa, emprego em emprego. O salário era pouco, o favor dos amigos estava sempre para acabar.

Claro, havia experimentado a liberdade de uma juventude que nunca tivera. Conhecera pessoas, frequentara festas. Será que ela não havia mudado? Será que não podia recomeçar e fazer tudo diferente?

Não sabe até hoje se foi esperança ou desespero que a fez bater na porta da casa do ex-marido.

— Tudo vai mudar, Josiel. Vamos juntos à igreja, vamos se apoiar em Deus, vamos reconstruir aquele amor.

Josiel assentiu. Talvez a antiga suspeita fosse correta, talvez ele não pudesse mesmo conseguir nada melhor do que ela.

Fizeram conforme o planejado, buscaram uma comunidade evangélica, planejaram uma gravidez e tiveram João, mais um filho de nome bíblico.

Mas nem fé nem filho puderam jogar Safira de novo na velha inocência tolerante. Havia, de fato, amadurecido. E Josiel não tinha mudado nada.

Ela ruminava ideias de deixá-lo quando, certa manhã, Pedro aproximou-se dela com um porta-retrato em mãos:

— Olha, mãe, o que achei no quarto do pai. Quem é essa?

Era a foto de outra mulher. Ela pegou o retrato, foi até o marido, com os olhos marejados, e disse:

— Você nem esperou eu sair de casa?

— Não quer levar sua vida? Ter liberdade? Então, você que sabe! Eu que não vou ficar sozinho.

E assim acabou o primeiro romance da menina.

Pegou os dois filhos no colo e saiu sem destino outra vez. Contentou-se em alugar um barraquinho simples que lhe custaria 120 reais por mês. Difícil, mas possível pagar o preço com os 300 que tirava no supermercado.

Buscou a mãe, pedindo que olhasse as crianças para que ela fosse trabalhar. A mãe, cansada de ter criado tanta criança pra uma vida, sugeriu que ela procurasse a irmã. Safira nunca esqueceu: a irmã cobrou 100 reais mensais para tomar conta do pequeno, enquanto teve que confiar o mais velho aos cuidados de Josiel.

Safira passou a levantar todos os dias às 5 horas da manhã para empacotar as sacolas de compras da classe média. Embrulhava todos os dias coisas que tinha desejo de comer, biscoitos que adoraria levar para o filho. Tentava não pensar muito na água na boca ou no aperto no estômago e lembrar que os batalhadores sempre alcançavam alguma coisa — nem que fosse um pacote de bolachas recheadas.

Quinze dias depois dessa rotina, ela chegou em casa cansada e, com fome, e foi abrir os armários para cozinhar algo. Estavam vazios. As fraldas haviam acabado, o leite também. Ela ia buscar seu bebê em minutos na casa da irmã. Imaginou o choro de fome dele. Ficou nervosa, começou a tremer. Precisava de um copo de água com açúcar.

Abriu os armários com ansiedade, derrubando as coisas pela cozinha no caminho. Tirou a tampa do pote de açúcar só para conferir que também estava vazio.

Lembrou que dirigia muito bem, dirigia "feito homem", como os caras da favela gostavam de dizer. Pensou nas propostas que recebera durante a vida toda. A qualidade era muito visada pelos assaltantes, seus vizinhos, que a convidavam para fazer fugas de assalto.

Nascera e crescera na favela e nunca tinha feito nada de errado. Conhecia, sabia, mas nunca tinha feito. E aonde a honestidade a havia levado? Sentiu raiva, um embrulho no estômago e um frio na espinha.

Saiu de casa decidida. Passou no barraco de Valdemar antes de buscar o filho. Quando manifestou suas intenções, outro rapaz que estava no lugar protestou:

— Não, ela não — e se voltou para Safira, em um apelo. — Você não precisa disso, você sempre batalhou desde novinha, desde criança.

Ao que ela respondeu:

— Se eu não tenho nem o que comer dentro da minha casa!

Nem o amigo pôde retrucar a esse argumento. Assim era a vida nas favelas de São Paulo, pensou. Era assim pra ele, era assim pra ela.

Deu uma arma para Safira. Ela respirou fundo, pensou no leite e foi assaltar.

Gardênia

Ouviu o barulho da viatura e sentiu um frio percorrer a espinha.

"Pegaram a merda do moleque!"

Subiu correndo a viela até dar de cara com o muro que indicava que não tinha mais saída. Burra! Tantos anos trabalhando nessas ruelas e ainda não tinha os caminhos de cor. O som estava mais alto e foi se intensificando, até que ela pôde ouvir passos.

"Que vou fazer com essa porra dessa droga?"

O policial chegou e, num gesto instintivo, ela tacou a droga longe (triste, valia tanto!), por cima do muro. O guarda, em ato reflexo, mirou a arma na cabeça dela:

— Nãooooooooooooo! — gritou, apertando os olhos miúdos só para garantir que não ia nem saber caso ele decidisse ignorar a súplica, e ela já tinha visto isso acontecer mais vezes do que gostaria na favela.

Ele não atirou. Encostou a cara dela na parede, algemou-a e arrastou-a até o moleque, que mostrou as drogas na mão.

— Ué, quem disse que comprou de mim?

Ele meteu a mão no bolso dela e tirou o dinheiro. As notas estavam marcadas.

"Filho da puta do moleque foi lá e voltou com a polícia."

O policial a meteu na viatura e ficou dando voltas pelo bairro. Ela se abaixava, tentava esconder o rosto com o cabelo.

— Cê sabe o que isso significa, né? — perguntou-me Gardênia. — Eu de cabeça baixa pros outros não pensar que eu tava *quaguetando*. Que eles faz isso pros outros pensar que você tá.

O policial não a levava para a delegacia. O que queria? Alguns minutos depois, para a surpresa dela, apareceu um advogado, que nunca havia visto antes, com um plano de defesa um tanto peculiar:

— Quanto você quer pra soltar ela?

— Três mil deve fechar.

O acerto foi feito e o policial ficou de voltar para receber o seu mais tarde.

— O advogado eu paguei, né?, mas o polícia... Sem-vergonha do polícia! Eu corria porque ele queria me matar que eu não paguei ele. Eu só vivia se escondendo dele, cortei o cabelo, mudei a cor, o visual. E ele falava pra todo mundo que se catasse eu, ia me matar. Não ia ter nem cadeia pra mim. Aí eu consegui dar perdido nele e, graças a Deus, tô viva.

Ser invisível não foi um desafio. Gardênia era ignorante, mas esperta. Era ardilosa, adaptável e um pouco louca — o que é uma qualidade indubitavelmente proveitosa no mundo do crime. Dava gargalhadas sem sentido que faziam a vida ficar menos dura e já não tinha muito claro na cabeça de que delitos era culpada e de quais a haviam acusado injustamente. Afinal, aquilo era o que havia sido narrado pelo promotor, um sonho ou algo que ela tinha feito?

Os jovens ao seu redor eram um mistério. Não tinha certeza se eram filhos da sua adolescência ou irmãos que a mãe teve no fim da vida fértil. Não que não amasse a molecada, mas como viviam todos juntos na mesma casa e não eram lá de afetos e carícias, não sentia que isso era importante. Eu nunca soube — talvez nem ela — se a loucura era coisa da droga, que foi comendo seu cérebro devagarinho, ou se ela já estava condenada a ser louca pelos genes ou pela vida, caso no qual a droga teria sido uma benção e não uma maldição.

Os dentes eram judiados, a pele, marcada por anos que não vivera. Se não tinham culpa da loucura, ao menos as drogas não haviam colaborado com a conservação do seu corpo mirrado. Gardênia fazia rir do estereótipo de que traficante não era usuário. Ela encarava qualquer coisa que fizesse a rotina ficar mais leve.

Gardênia, em resumo, era um caos. Caos mesmo neste sentido mitológico, uma desorganização sem passado claro nem presente que pareça interessar. E com capacidade de abarcar em si toda a ira dos titãs.

Em algum momento da vida, casou-se com o pai de um (ou dois) de seus filhos. Com ele, foi pega diversas vezes tentando ganhar o seu. Ela com a droga, ele com o dinheiro.

— Ele era traficante, mas não era besta. Dinheiro não é flagrante, droga é. Assinei um doze com ele [artigo 12 da Lei 6.368, que classifica o crime de tráfico de entorpecentes] e fomos soltos. Na segunda vez, foi um dezesseis [vício] para não assinar um doze de novo, fui solta também.

Uma vez liberta, voltava a traficar. Era o que sabia fazer. Nunca perguntei se ela tentou fazer outra coisa da vida, pois acho que interpretaria a pergunta como de mau gosto. Na cadeia, mostrava que tinha desenvolvido outras habilidades. Era uma faxineira caprichosa e podia fazer unhas de outras detentas bem o suficiente para, eventualmente, conquistar algumas guardas na clientela. Lá fora, porém, ela não se satisfazia com o ganho que advinha desses ofícios — nem seu vício, nem o estômago da molecada.

Um dia, depois de me observar entrevistar diversas outras detentas, sentou-se comigo na mesa do refeitório da Funap (Fundação de Amparo ao Trabalhador Preso), onde era faxineira, e disse que também tinha uma história para contar. Ficou encantada com a hipótese de ter um aparelho gravando sua fala e me disse que "seria uma maravilha ter um desses para ver que raios eu digo quando estou dormindo". E gargalhou. Gargalhou o tempo inteiro enquanto conversávamos, mesmo enquanto contava coisas tristes de me amarrar o estômago.

É que, uma vez, Gardênia estava grávida quando foi presa.

Júlia gosta do tipo errado

Era dia de prova de economia para os alunos de direito da Universidade Ibirapuera. Droga! Júlia era péssima em economia. Teria que dar um "jeitinho". Separou um resumo da matéria e foi com alguns colegas fazer cópias na xerox da faculdade. Talvez decorasse algo antes da prova, talvez escondesse a papelada debaixo da carteira sem ser percebida. Esperava sua vez na fila, tentando absorver alguma coisa do assunto, quando alguém cutucou o seu braço.

— Júlia Oliveira? Quero conversar com você — disse a voz no seu ombro.

— Agora não, depois.

— Depois, é? É a polícia!

Ficou em choque. O irmão estudava ali também e a mãe trabalhava na faxina — era por isso que tinha ganhado uma bolsa de estudos —, mas não conseguiu avisar nenhum dos dois que estava sendo levada. O sol já tinha se posto, eram 19h15, e o vento fresco da noite empurrou para trás os cachos que escondiam seu rosto, deixando-a exposta à mirada maldosa e curiosa dos outros estudantes. Que vergonha.

Na delegacia, policiais explicaram a ela que estava sendo detida por sequestro e que queriam saber o paradeiro do namorado, Luiz.

"A tendência é esta: tá perto de quem não presta, só vem coisa que não presta pro seu lado!", pensou.

Parecia que era destino, que não dava para fugir. Desde a adolescência, Júlia sempre havia se interessado pelo tipo errado. Aconteceu pela primeira vez aos 15. Lauro apareceu no bar do pai dela em uma tarde qualquer e, assim que a menina colocou os olhos naquele homem nada atraente e dezessete anos mais velho, se apaixonou.

— Em bar, você sabe, vai muita gente estranha, de todos os tipos. Bom, ruim, péssimo, regular. E eu fiquei louca por *aquele* cara. E continuei louca por ele quando foi preso.

Assim que completou 18 anos, Júlia foi ao presídio visitá-lo. Falou de amor de menina, paixão de mulher, disse que iria acompanhá-lo por aquele momento difícil e esperar, fielmente, até que saísse da cadeia.

— Mas você tem certeza disso? — perguntou ele.

Olhou para o amado. Tinha "perebas" na cara, faltavam dois dentes na boca. Estava segurando as calças com a mão porque, naquela penitenciária, eram proibidos os cintos. Era o homem mais horrível do mundo, mas ela era apaixonada por ele. Olhava pra ele e o mundo mudava. Disse que tinha certeza, claro. E ele retrucou que ela era louca, quis colocá-la em seu devido lugar. Não funcionou.

Algum tempo de romance depois, o pai de Júlia, um homem rígido e superprotetor da única menina entre seus cinco filhos, descobriu o namoro. Assim que ela chegou em casa do trabalho, foi recebida com um tapa na cara.

— Eu posso até te matar, mas de dentro desta casa você não sai pra visitar bandido. Eu não criei filha pra isso.

O pai ligou para Lauro, que tinha um celular na cadeia, e o avisou de que nunca mais veria a garota.

— Eu só vou desistir dela se ela disser que não quer mais ficar comigo.

— Isso vamos ver — ameaçou o pai.

Cortou o telefone de Júlia. Sair de casa? Nem mesmo para visitar a avó. Ameaçou colocar grades na janela do quarto, trancar a porta e levar a chave, tirá-la da faculdade. Filha dele não ia ser mulher de bandido.

Mas Júlia era esperta demais para ser passarinho de gaiola. Em duas semanas, achou um caminho para fora: pediu que uma amiga ligasse para o pai e dissesse que era do banco e que ela precisava ir à agência trocar uns cheques que estavam com problema.

Ao chegar na penitenciária, disse ao diretor que precisava falar com Lauro com urgência porque estava sendo ameaçada de morte.

— Eu vou sair de casa.

— Não vou falar nem pra você ir, nem pra você ficar. Porque se der certo, tudo bem, mas se der errado você vai me culpar pelo resto da vida. Então, o que você fizer, eu apoio.

Decidiu pela mudança. Fez algumas ligações, conseguiu um lugar para ficar e foi embora naquele mesmo dia. Para se sustentar, passou a trabalhar com demonstrações de produtos em eventos e supermercados, enquanto ele mandava dinheiro para ajudá-la a completar os custos de viver sozinha. A família não quis mais falar com ela, mas isso não importava, ela estava feliz com "o amor de sua vida".

Quatro anos depois, Lauro fugiu da cadeia. E Júlia, que já estudava direito, trancou a faculdade, largou os amigos do bairro onde morava e fugiu junto. Na garagem, eles estacionaram um táxi, que era pra fingir que Lauro trabalhava.

Uma tarde, mais ou menos um ano depois, ele disse que iria ao Brás resolver algumas pendências. Às 18 horas, Júlia achou estranha a demora e resolveu ligar para saber como ele estava. Ninguém atendeu. Telefonou para um amigo, cujo número estava pendurado na geladeira, com os dizeres "para emergências":

— Você não ficou sabendo? Ele foi baleado.
— Baleado ou morto?
— Não sei.

A notícia não demorou muito a vir depois disso. Ligou para a família dele, que o havia encontrado no hospital como indigente. A primeira coisa que Júlia pensou em fazer quando viu o corpo foi buscar a família.

Dirigiu feito desvairada e quase bateu o carro na porta dos pais. O irmão e a mãe correram a seu encontro. O luto de Júlia reavivou aquele sentimento de proteção que todos tinham por ela. A garota voltou para casa, recuperou o amor da família e voltou a estudar. Em nenhum momento, porém, duvidou: se Lauro estivesse vivo, deixava tudo aquilo de novo.

A dor da perda foi calando no coração e a rotina a entediava. Não procurou por Luiz, mas esperava por ele em segredo. Era sequestrador, traficante e amoral. Vislumbrou aquela vida juntos, de rejeitar as regras, estar acima das normas. Não sabe se caiu por ele ou por essa ideia. Em alguns meses, estavam morando juntos.

Foi então que Júlia percebeu, pela primeira vez, que a violência que a atraía podia também se virar contra ela. Luiz a agrediu uma vez só e ela não esperou pela segunda. Fez as malas de imediato e largou a casa, alugada em seu nome.

Voltou só alguns meses depois para buscar o resto dos pertences. Foi observando os detalhes que tinham mudado em sua ausência até ouvir um zum-zum-zum curioso. Meu Deus, era barulho de gente! Ele estava usando a casa como cativeiro.

— Tira essa gente da minha casa! Esse aluguel tá no meu nome! — demandou.

— Relaxa, Júlia, não vai dar nada pra você. Se der qualquer merda eu vou lá e digo que você não tava envolvida.

Deu.

* * *

O irmão achou estranho quando viu o carro de Júlia parado no estacionamento da faculdade depois que toda a turma dela havia ido embora. Que será que houve? Foi para casa, avisou a mãe. O celular dela ninguém atendia. A mulher correu para a delegacia, em prantos.

— Minha filha, Júlia Oliveira, foi sequestrada.

— Sua filha? Ela que é a sequestradora safada.

Em alguma sala mal iluminada aos fundos, Júlia chorava de dor e vergonha.

— Cadê ele? Cadê as vítimas?

— Eu não se... — a frase era interrompida por um choque.

Abriram a bolsa dela, na esperança de encontrar algo. Fizeram com que engolisse cada papel e folha de cheque que saía dali.

Apanhou tanto que entrou em turbulência. Começou a acreditar que não ia aguentar, que ia falar tudo mesmo, assumir até o que não fez. No delírio da dor, pensava: "Realmente, é tudo verdade. Fala logo, para de sofrer."

O corpo pedia, mas ela não iria entregá-lo. Sabia, porém, que não se tratava de uma questão de amor. Amor não tinha nada a ver com aquela situação.

— Desculpe, doutor, não vou falar. Antes ficar presa do que ser morta ou acabar com a vida da família.

E apanhou mais.

Perto da meia-noite a tortura acabou. Os policiais encontraram o endereço de Júlia na bolsa, foram até a casa e acharam as duas vítimas. Uma delas, que azar, era parente de policial.

Foi enviada para a prisão temporária por trinta dias, antes de ser acusada como cúmplice de sequestro, responsável pela alimentação das vítimas em cativeiro. Dos trinta, apanhou uns 25, nem que fosse só um tapa.

Decidida a fazer valer seus direitos constitucionais — afinal, tinha estudado direito pra quê? —, Júlia pediu para fazer exame de corpo de delito e queixa contra abusos. Um policial a acompanhou até o Instituto Médico Legal (IML). Entraram na sala, o policial encarou o médico e disse:

— Beleza, doutor?

— Beleza, pode levar — respondeu o médico.

Nem sequer havia olhado para ela.

— Assim, como se eu tivesse sido examinada, e eu não fui. Cada vez que eles me buscavam na cadeia para interrogatório, era um carro diferente. Mas aí começaram a surgir os hematomas. Então, como eu voltava pra delegacia, as policiais começaram a pegar no pé deles. Na próxima vez que pedi exame, uma delas que me acompanhou até o IML, eu tirei a roupa, fui examinada e ela viu os hematomas. Depois de um ano que eu tava presa veio uma audiência pra eu ir. Disse tudo que aconteceu e simplesmente ninguém falou mais nada. Morreu o assunto.[1]

---

[1] Aqui vale ressaltar que nenhum policial ou funcionário do sistema penitenciário está obrigado a obedecer as ordens de seu superior quando elas envolvem tortura, segundo a Convenção Contra a Tortura ou Outros Tratamentos ou Penas Cruéis, Desumanos ou Degradantes, da qual o Brasil é signatário. As ordens deste tipo são, imediatamente, consideradas ilegais e, além de serem ignoradas, devem ser denunciadas por quem recebê-las.

E Luiz não apareceu. A deixou sozinha com as acusações e as surras. Só foi pego depois de dois meses, quando finalmente cumpriu o prometido e disse que Júlia não estava envolvida no sequestro. Mas era tarde, ela já havia sido acusada formalmente.

— Eles falam que, no crime, o cara não pode se entregar, mas se ele gostasse tanto de mim e achasse mesmo que eu não merecia aquilo, na hora ele podia ter fingido que deu uma bobeada no carro, deixado o policial pegar ele pra tentar me tirar daquilo. Mas não, eu fui sozinha. Como sequestradora, como tudo. Ele apareceu só na audiência de acusação. Sentou do meu lado na sala, acredita? E teve a audácia de bater na minha perna e ficar falando que eu tava linda. Eu olhei na cara dele e falei: "Me respeita! Linda se eu tivesse fora daqui, olha minha mão", eu com duas algemas no braço, nervosa, chorando. A juíza até mandou eu calar a boca. Depois que eu vim pro semiaberto ainda veio atrás de mim, dizendo que me amava e tudo. Mandei ele sumir da minha vida! Mais tarde, ele mesmo saiu do semiaberto e se evadiu. Vi isso na internet. Graças a Deus, que agora ele sabe que se vier atrás de mim, a polícia pega ele. Mas é assim mesmo e isso que não consigo entender. Se colocar dez trabalhadores e um preso numa sala, o preso vai olhar pra mim e eu pra ele, é incrível.

Há alguns meses, Júlia voltou a estudar. Resolveu aproveitar a chance oferecida pelo regime semiaberto para desenferrujar o cérebro e se preparar para prestar vestibular assim que sair em liberdade. O seu cursinho é em um estabelecimento regular, fora do sistema prisional.

Já nos primeiros dias de aula, Júlia reparou em um rapaz que sentava no fundo da sala. Era muito bonito e retribuía seus olhares descaradamente.

"Nossa, acho que vou mandar tiro aqui, vai melhorar pra mim!", ela pensou.

Quando procurou se informar mais sobre o rapaz, descobriu: ele era presidiário. No meio de 96 pessoas, ela encontrou um cara preso.

"Não, para com isso, mais uma vez ninguém merece."

E, diz ela, nunca mais olhou para ele.

Maria-João

A menina era bicho do mato. Passava o dia jogando bola, matando passarinho de bodoca ou espingarda, trepando em árvore com a molecada. Queria roupa confortável e desprezava laços e babados. Brincar de casinha? Só se ela fosse o papai. De médico? Só se o paciente fosse outra garotinha.

— Essa menina tá parecendo Maria-João!

O pai era um homem ríspido e tradicional do interior de São Paulo. Filha dele não ia namorar "errado" nem chegar grávida em casa. E se alguma experimentasse, ele cortava no facão — e ninguém nunca duvidou de que cortaria mesmo. A mãe era uma mulher suave, mas submissa. Quando os filhos aprontavam, não fazia nada para impedir que o marido os amarrasse em uma tora ou móvel da casa para bater com o que estivesse à mão.

Os maus-tratos, contudo, nunca domaram o gênio ou os desejos de Vera. Para ela, a autenticidade era um valor supremo — ou, ao menos, a autenticidade interna. Era muito verdadeira com o que sentia e não se permitia enganar. Os outros, talvez. A si mesma, jamais. Também via as coisas de maneira muito pragmática e não era afeita a ilusões. Não sonhava além do que sua realidade lhe permitia e tinha uma boa medida das alternativas à sua disposição. E, para ela, uma heterossexualidade de fachada era a única saída plausível naquele momento.

Casou. Mas via a união com um homem como uma espécie de prisão para os livres. Como uma pena alternativa à casa paterna. Perdia algumas autonomias para ganhar outras.

Como as rendas e as saias de tule, porém, o casamento tradicional não lhe caía bem. Pinicava, incomodava, pesava. Sobrava. Só precisava estar nele tempo suficiente para escapar do império do pai, para que fosse vista como ser autônomo.

Calculou que o sacrifício havia sido suficiente quase um ano depois. Sem filhos, para não ter laços com um novo senhor; sem afetos, para não ter culpa de fugir.

"Vou chutar o marido, sumir no mundo. Vou pra Foz do Iguaçu, trabalhar, fazer minha vida, curtir minha vida", repetiu para si, em celebração, no dia da alforria. Levou na mala o sorriso, a disposição e um punhado de apetites sexuais.

Livre das expectativas familiares, do marido e das futriqueiras do interior, Vera pôde, finalmente, ir ao encontro de seus desejos. Envolveu-se com algumas mulheres e chegou a levar um namoro sério com uma delas, vinte anos mais velha, durante três anos.

Quando rompeu seu primeiro romance, era jovem e ainda aberta a experimentações. Voltou aos bailes, como era de se esperar de garotas de sua idade, e passou a se relacionar com as pessoas que a noite pusesse em seu caminho. Certa vez, em uma festa, conheceu um homem, "já coroa, já", com quem simpatizou. Ela gostava do papo do cara, da companhia, de como ele a fazia rir e apreciava seu senso de humor esperto; gostava da amizade que tinham. Em alguns meses, as conversas se converteram em gargalhadas, as gargalhadas em beijos. Sentia um calor inesperado pelo corpo quando fechava os olhos e se entregava a seus lábios. Afinal, os homens não eram tão maus assim quando ela não era forçada a estar com um deles.

Pato era um companheiro bom de estar, bom de beijar, mas ela não sentia desejo de ir além em sua exploração. Não gostava sequer que ele a tocasse de maneira íntima. Algum tempo depois de o caso começar, Vera ouviu gritar aquele velho impulso da autenticidade. Achou melhor deixar claro para ele — se é que já não era, afinal, ela usava cueca! — o que ela realmente queria:

— Você é muito legal, mas ó, eu não gosto de homem.

— Ah, mas eu vou fazer você gostar. Eu vou mudar você.

Ela garantiu que ele não iria conseguir, mas também não viu mal em tentar. Com ele, fazia as coisas de que gostava. Ia para boate, jogava baralho, sinuca. Do que mais precisaria?

Conseguia manter casos fortuitos com mulheres, para aquietar o corpo, já que Pato já cuidava do coração. Parecia confuso para o mundo, mas para ela sempre foi tudo muito simples. Era uma questão de ser fiel ao que queria e não ao que os outros esperavam dela.

Certa vez, ele descobriu uma de suas namoradas. Surpreendeu-a em casa, na cama dos dois, com outra mulher. Quis matá-las, fez sua cena, mas logo esqueceu o ocorrido — ele não conseguia levar muito a sério o sexo sem penetração.

O casal foi superando os casos de Vera por três anos. Ninguém entendia por que ela seguia tão firme no casamento. Não tinha desejos por ele, a relação era sexualmente morna, mas Vera via em Pato o meio para um fim.

— Independente da minha opção sexual, eu queria ter um filho. E eu queria ter certinho, não aquela coisa de ir no médico e tal, eu queria *fazer*, mesmo que eu não sentisse nada, mas eu queria fazer. Aí foi quando eu decidi engravidar da minha filha. Fui no médico, fiz todo tipo de exame pra saber se eu não tinha problema nenhum.

Não tive nada e o médico já me deu um remedinho que, naquele prazo de uma semana, eu já engravidava. Eu não queria ficar tentando a vida inteira, né? [*risos*] Eu bebi muito uísque pra aguentar. E motel todo dia, em uma semana eu engravidei. Também, depois que engravidei, nossa! Não queria ver a cara dele. Toda vez que eu transava com ele eu tinha nojo. Eu corria, me lavava, aquele cheiro de esperma me deixava enjoada. E eu não conseguia ficar úmida de jeito nenhum, ficava seca e me machucava. Porque não conseguia relaxar, nunca tive prazer nenhum.

Durante o início da gravidez, Vera continuou trabalhando no mercadinho que havia montado. Tinha consigo uma ajudante que, além de limpar o comércio, lhe dava uma força na faxina da casa. Alguns meses depois, a moça começou a receber presentes caríssimos de um namorado que Vera não conhecia. Todos os dias, as duas conversavam sobre esse homem que a levava a restaurantes finos e a tratava como a uma princesa. A amizade das duas durou até que, uma tarde, Vera encontrou uma bituca de cigarro no seu carro.

"Oxa! Mas se nem eu nem o Pato fuma...", pensou.

Guardou a suspeita até ter a oportunidade de pegar o marido no flagra. Seguiu-o até um restaurante e, ao chegar lá, o viu trocando carícias com a ajudante. Não fez cena alguma. Apenas passou a mão na chave do carro e disse:

— Dá o documento.

Largou-o a pé para se virar com o mototáxi. No caminho, Vera concluiu que sua falta de interesse sexual o havia praticamente forçado à traição. Afinal, ele tinha 40 anos, era cheio de vida.

"Acho que ele cansou, né? Daí me meteu uma gaiada..."

Não chegava a se importar com a visão dele acariciando outra mulher, nem sequer transando com ela. O que a incomodava mesmo eram os mimos de luxo, os jantares caros... poxa, ele estava praticamente sustentando outra fora de casa!

"Todo dia ela com presentinho e eu grávida de sete meses, barrigão danado..."

Daquele dia em diante, ela não o quis mais e pediu que saísse de casa. Pato se recusou. Disse que só sairia se tudo fosse vendido e a metade fosse dada a ele. Ora, não era o justo?

— Justo uma pinoia, tudo aqui veio do meu trabalho!

Ela não aceitou o acordo. Continuaram morando na mesma casa, administrando a contrariedade da presença um do outro. Talvez influenciada pelo estresse, Vera passou a ter problemas com a placenta descolada, o que exigiu que ela ficasse de repouso e largasse o trabalho no mercado. Um dia, ela sentiu uma raiva ensandecida de estar presa na própria casa com uma pessoa que odiava e ligou para a irmã, que morava em São Paulo:

— Vem pra cá que eu vou embora com você.

— Tem certeza?

— É, pra mim não matar ele.

Sabia bem que era capaz. Alguns dias antes, pescando com o irmão e o marido, Vera havia mirado Pato com uma espingarda. Só não atirou porque o irmão tomou a arma de sua mão.

Quando a filha do casal finalmente nasceu, Pato foi ao hospital visitar as duas com um buquê de flores. Vera tacou o presente nele de volta. Se pudesse, o faria descer goela abaixo do cara de pau.

— Sai daqui com essas flores, seu palhaço, que eu não quero! — gritou.

Teve que se acalmar pela filha. O pai registrou a menina e conviveu com ela até os seis meses, quando Vera chegou ao seu limite e decidiu que iria mesmo para São Paulo. Desistiu de mercadinho, da casa, dos móveis. Largou tudo. Levou só a filha e o carro.

"Se ao menos ele tivesse chegado pra mim e falado 'ó, eu necessito de ficar com uma mulher, porque tá acontecendo isso e isso', eu podia ir em qualquer zona e arrumar qualquer mulher pra ele, mas que não arrumasse uma de dentro de casa praticamente. Isso me deixou muito magoada. Prometo para mim mesma que, de hoje em diante, homem não encosta nunca mais em mim. Eu já não gostava mesmo..."

Na cidade grande, a vida ficou difícil. Não aceitava ter que começar do zero, se matar de trabalhar em troca de mixaria. Era cozinheira de profissão, capacitada para fazer pizzas e tudo. Mas insistiam em oferecer a ela servicinho de faxineira para ganhar, na época, 12 reais por dia. Doze reais! Para sustentar ela, a filha e chegar ao trabalho. Na ponta do lápis, não pagava nem a gasolina do carro. Resolveu que se São Paulo não a tratava bem, ela ia devolver na mesma moeda.

Vera, a irmã, o irmão e o cunhado passaram a fazer sequestros pequenos. O sucesso das empreitadas lhes deu confiança para tentar um lance maior. Miraram uma universitária de classe média alta chamada Patrícia.[2] Passaram a ligar para a moça, passando-se por um admirador secreto. Como ela não aceitou os convites para conhecer o rapaz, resolveram seguir sua rotina e pegá-la à força. Uma noite em que Patrícia ia para um bar com uma amiga, abordaram-nas e meteram as duas dentro de um Tempra. A amiga foi liberada como mensageira do sequestro e Patrícia foi mantida cativa.

Hoje, Vera se convence de que Patrícia foi bem tratada. Usava droga, até compraram maconha pra ela fumar. E maconha com aquela seda pronta! Fumava maconha o dia inteiro e comia muito bem, tinha até refrigerante. Colocavam-na pra tomar banho duas vezes por dia.

---

[2] Nome fictício.

— Teve sorte aquela vítima, viu?

Certamente Patrícia não concorda. Depois de ser liberada, revelou que, além das agressões físicas que sofrera durante o sequestro, havia sido obrigada a masturbar Paulo, cunhado de Vera, mais de uma vez.

— Meu cunhado é psicopata. Sanguinário, san-gui-ná-ri-o. Ele não tá nem aí. Por ele, teria matado ela, não matou porque eu falei "pelo amor de Deus não faz isso", eu e minha irmã.

O cunhado mais tarde ficou famoso por uma fuga cinematográfica pela porta da frente de uma grande penitenciária da capital. Depois, entrou para a lista de presos mais perigosos do estado de São Paulo, membro do PCC (Primeiro Comando da Capital). Hoje, detido novamente, ultrapassa os oitenta anos de pena por sequestros. Com aquele trabalho, ele esperava um resgate de 2 milhões de reais. O pai da moça disse que pagaria no máximo 2 mil.

Poxa vida, Vera não era má, mas tinha uma filha para sustentar. A família da garota morava naqueles prédios redondos, apartamento por andar, coisa linda. Ela tinha uma irmã gêmea, jornalista, mas só fazia faculdade, a patricinha, vivia fumando maconha nos botequinhos. Claro que podiam pagar mais! Mas, numa negociação, o pai dela chegou a falar: "Se vocês matarem essa aí, eu tenho outra que é igualzinha!"

Tiveram que apelar. Paulo foi até a vítima decidido a cortar um pedaço da orelha. Patrícia implorou que ele levasse um dedo, mas ele achava que a orelha provocaria um impacto maior. Ela argumentou, disse que deviam procurar a mãe, que era mais frágil, e rapidamente levariam o que quisessem.

No dia dos pais, um buquê de cravos chegou via motoboy à porta do pai de Patrícia. Entre as flores, um pedaço da orelha da filha. O homem ofereceu, então, 250 mil pelo resgate. A essa altura, o sequestro já durava doze dias e a gangue estava com medo.

— O sequestro, quando fica muito tempo, pode parar! Quando passa de dez dias a bagunça já começa a ficar louca. Já começa a fechar os quatro cantos, não tem escapatória.

Foram com 250 mil. No décimo terceiro dia, Patrícia foi devolvida para a família.

Joe

Quando Camila entrou na igreja, seus irmãos cochicharam entre si e riram:

— O vestido dela parece uma capa de botijão!

Também, com aquela barriga bem projetada de seis meses e o tamanho de uma garota de 15 anos, a piada já era esperada. Assustada como toda grávida nessa idade, mas aliviada porque o pai da criança era um homem tão bondoso quanto o Wanderley, ela foi seguindo o caminho até o altar de bom grado e pensando no lar tradicional e estável que daria a Daniel,[3] o pequenino que estava carregando.

Com a ajuda da mãe, ela terminou o colegial. Mas que nem pensasse em ir para a farra: a avó se negara a cuidar dos meninos — sete anos depois, Daniel havia ganhado um irmãozinho, o Gabriel — a não ser para que ela estudasse. Wanderley também seguiu fazendo a vida e, depois de doze anos de casado, era um consultor de empresas bem-sucedido e um pai dedicado. Viajava

---

[3] Por questões óbvias de segurança, os nomes dos filhos de Camila, assim como dos parentes de todas as mulheres retratadas neste livro, também são fictícios.

muito, porém. Chegava a passar meses em outros países da América Latina, enquanto Camila ficava em casa sozinha com as crianças.

— O Wanderley era uma boa pessoa, bom pai, bom marido. De repente, se nada disso tivesse acontecido ainda estaríamos juntos. Se eu tivesse aguentado a distância, me concentrado nele...

O júri é composto por quatro mulheres e três homens. O advogado olha para Camila de forma pessimista e a prepara:

— Eu disse que se a maioria fosse mulher, a chance era muito grande de você ser sentenciada, porque mulher, já sabe, falou em traição...

O coração dela aperta no peito enquanto a juíza explica para os jurados como o julgamento vai ser. Que eles estão ali porque aquele era um caso de homicídio e somente esse tipo de crime vai a júri popular. Começa a ler a acusação:

— Camila era casada com Wanderley, mas mantinha relações sexuais com João Cláudio...

Camila se aproximou de Joe, como ela gostava de chamá-lo, quando Wanderley estava em uma longa viagem no Chile. O rapaz de 24 anos lhe fazia companhia, dizia que ela era linda, sanava sua carência. Com exceção de algumas amigas confidentes, ninguém sabia do affair. O caso permaneceu em segredo durante os dois meses que durou.

No fundo, ela nunca teve a intenção de separar-se de Wanderley. Apreciava a atenção que Joe dava a ela quando o marido estava longe, mas já era tempo dele voltar de sua longa estadia no Chile. Já era tempo da vida voltar aos eixos e o pecado dela ser esquecido num confessionário. Marcou um encontro de despedida com o amante e, com sinceridade, explicou o que aquilo havia significado para ela, e terminou o caso.

Joe não recebeu bem a notícia. Insistiu, lamentou e, finalmente, ameaçou-a:

— Eu vou acabar com a sua vida!

"Eu não sei o que Joe sente por mim, mas não é amor. Quando a gente ama, a gente deixa ir. A gente não vê tanta gente assim? A pessoa ama e vai embora, tem pessoas que se submetem a ficar como estepe até, só a hora que a pessoa quer. Mas ele, em vez disso, me ameaçou."

Teria que contar sobre o caso para o Wanderley antes que Joe o fizesse. Afinal, era isso que ele queria dizer com "acabar com sua vida", não? Buscou o conselho da amiga Letícia, para saber se tomava a decisão certa:

— Vou contar pro Wanderley. Porque ele foi pro Chile, ficou muito tempo lá, e eu acabei traindo ele. Ele fica três, quatro meses fora toda vez que sai. Ele vai me perdoar, vai entender, pela distância.

— Não, Mila, não faz isso. Porque vai que você conta e o Joe nem fala nada? — aconselhou a amiga.

Entra na sala a próxima testemunha de acusação. É Letícia. Não diz que Camila estava envolvida no assassinato, porque nem tinha como saber nada sobre isso, mas confirma para todos que ela tinha, de fato, tido um caso com Joe.

O promotor, mais tarde, retoma a informação:

— Enquanto o marido viajava para dar boa vida pra ela, essa vagabunda se deitava com outro homem.

O advogado protesta. A juíza adverte o promotor.

Wanderley foi recebido com carinho pelos filhos e pela esposa, que resolvera calar o passado como tinha feito outras vezes. A família passou algum tempo junta, o genro viu os sogros que o amavam como a um filho.

Certa madrugada, pouco depois da chegada do marido, porém, dois assaltantes invadiram a casa e tiraram o casal da cama. Trancaram Camila no quarto dos filhos e pediram que Wanderley os ajudasse a recolher os pertences da família. Pegaram dois celulares e um notebook. Ela abraçava as crianças no cômodo ao lado.

— *O portão da casa estava aberto porque Camila o deixou assim. Ela estava interessada no seguro de 40 mil reais de Wanderley, que receberia e poderia dividir com o amante. Senhores jurados, não tenho como provar que ela matou o marido porque não fez isso com as próprias mãos. Mas é por causa dela que ele está morto* — conclui o promotor.

Os jurados se recolhem para votar na sala secreta. Quando estão de volta, Camila se levanta para ouvir a sentença. Foram três votos contra quatro. Ela pensa no número de mulheres. Vai passar dezessete anos na cadeia.

Camila já estava presa há cinco anos e três meses, então a sentença devia ser só um detalhe. Devia, mas não foi. Quando a juíza começa a ler a sentença, ela paralisa. A voz da magistrada vai ficando embaraçada na cabeça dela, pesca uma palavra aqui e ali, tantos anos de inclusão no regime inicial fechado. Parada como se ninguém mais estivesse lá. Só ela.

A família começa a chorar. O irmão se aproxima dela e pede ao policial:
— Deixa eu falar com a minha irmã, por favor.
— Não, sua irmã é uma assassina.

Um dos matadores não responderia ao processo, pois era menor de idade. Ao outro, os 4 mil reais recebidos custariam 28 anos. Joe, que se entregara quatro meses depois do crime, alegando que não conseguia mais dormir de culpa, receberia a pena de vinte anos.

— *No meu júri era certo eu perder. Se foi justo? Eu não mandei matar o Wanderley, mas hoje eu tenho certeza que estou presa para pagar pelo adultério. Porque se não acontecesse isso, eu também não ia parar. Eu ia ver que tava bom pra mim. Mas também tem aquela parte: se eu saísse impune, de repente eu não teria nunca paz na minha vida. O dia que eu sair eu vou ter paz, porque quem me olhar vai dizer: "Ah, ela já pagou, já ficou presa, já acabei com a vida dela."*

Naquela mesma madrugada, os dois "assaltantes" foram à casa da mãe de Joe:

— E aí, como é que foi a fita, o cara já era, subiu? — inquiriu Joe.

— Tudo ocorreu como o planejado.

Até hoje, Camila não pode ouvir barulho de arma de fogo nem mesmo em filme. Ela reconstrói em sua cabeça os acontecimentos daquela noite. As vozes, do lado de fora, perguntando por dinheiro, e os filhos escondendo os rostos em seu peito. Depois o som abafado da arma contra o travesseiro.

— E, de repente, a gente só escutou o tiro. Nunca vou esquecer os olhos das crianças. Foi desesperador...

O barulho do tiro

Por volta da décima vez em que ela rodou o matagal em busca de Piriquito, os olhos de peixe do pé começaram a estourar. Já era madrugada avançada, o frio estava penetrando os jeans e a blusa fininha e era intensificado pelo orvalho que umedecia levemente as roupas. Mas Safira tinha certeza de que ele havia sido atingido pelo tiro. Os outros repetiam que não tinha como ela saber, mas ela confiava na ligação forte que eles mantinham. Ela não deixaria o homem que amava sangrar até morrer.

Piriquito tinha sido um acerto numa vida de coisas erradas. Conheceu-o ao entrar no carro de seu segundo assalto e não esqueceu mais o seu sorriso de menino. Ela podia amar de novo, afinal.

Tinha desconfiado que o coração havia murchado depois que segurou uma arma pela primeira vez. O acordo era dirigir o carro de fuga para Valdemar, mas, durante a ação, o líder da gangue meteu uma 38 na mão dela e ordenou:

— Vai e enquadra.

— Mas eu nunca fiz isso na vida!

— Vai ficar frouxa agora? Na hora que eu encostar ao lado daquele carro, você chega no cara. Quero nem saber.

Ela olhou prum lado, olhou pro outro e não viu fuga. Falou pra si: "Vô tê que ir!"

Dali saiu uma mulher que ela nunca tinha visto. Destemida, ameaçadora. E a pior parte: alguém que achou muito normal ameaçar a vida de outra pessoa com uma arma.

Quando abriu o porta-malas do carro, Safira desatou a rir de alegria. Sorte ou azar, havia uma mala com 1.600 dólares, assim, em moeda gringa mesmo. E ela, que não tinha nem dez centavos para comprar um pãozinho, foi ao supermercado usufruir da fartura: danone, arroz, feijão, bolacha com gotinhas de chocolate. Aproveitou a viagem e passou numa loja de roupa, onde trocou os tênis dos meninos por sapatos novos que tinham luzinhas que piscavam quando tocavam o chão. Escolheu pra si alguns vestidos, calça nova, blusinhas que a deixavam gostosa. Para não ficar com dinheiro sobrando na mão, já adiantou dois meses de aluguel.

E pronto, foi. Fácil assim. Tinha uma vida digna e não queria mais ganhar 300 reais ao mês. Fez as contas: 120 era o aluguel, fora água e luz, e sobrava uma mixaria pra comida. Nem considerava mais essa possibilidade. Queria ver os meninos gorduchos, sujos de chocolate e com roupinhas coloridas correndo pela casa.

E, além de tudo, a vida havia lhe devolvido o amor. Piriquito era novinho, tinha 17 anos, ela tinha acabado de completar 22. Os dois tinham aquela potência adolescente e o romance era impulsionado pelo risco constante. Ela adorava toda aquela adrenalina. Para ela, emoção, afinal, tinha sempre sido estar "em moção". O movimento era vida.

Piriquito sabia acarinhar. Fazia ela rir, gostava das crianças. Ela o chamou para ir morar junto. Tinham uma turma de amigos, jovens desviados como eles, que faziam excursão, piquenique, curtiam a noite com garrafas de cerveja barata e cigarros fortes. Viveram assim feito Bonnie e Clyde por uns seis meses.

Certa noite, porém, Safira teve um pressentimento ruim. Piriquito viu uma Pajero parada na estrada, sem gasolina, e enxergou uma oportunidade. Antes de ele sacar a arma, ela segurou seu braço com força e pediu pra ele ficar.

Ele riu, zombou da preocupação dela e saiu andando matreiro. "Que charme ele tem ao andar, esse garoto..."

O pensamento foi interrompido pelo barulho do tiro. O colega a puxou pela calça pra dentro do carro e acelerou. Safira jogou meio corpo pra fora da janela, ficou gritando pelo amor de Deus para eles pararem porque o Piriquito tinha sido atingido.

— A gente não pode fazer nada por ele agora, o cara tinha uma arma, vai matar todo mundo.

As balas continuaram a acertar a lataria e o homem da Pajero vinha em perseguição atrás deles. Tudo era uma confusão de sons e velocidade e Safira não conseguia se concentrar em sua própria cabeça.

Uma hora depois, eles voltaram ao local e Safira investigou o matagal enorme por parte da madrugada em busca do amado ferido até que uma amiga colocou a mão no ombro dela e disse:

— Safira, acho que é hora da gente ir olhar a delegacia e os hospitais.

Quando finalmente a busca os levou ao Instituto Médico Legal, Safira não teve coragem de fazer o reconhecimento do corpo. Pediu que um amigo fosse e caiu a seus pés desmaiada quando ele confirmou: era o Piriquito.

Ao recuperar os sentidos, agarrou o telefone em busca de consolo do pai. Do outro lado da linha, o homem ouviu em silêncio e apenas retrucou, antes de desligar:

— Foi você quem buscou isso para si.

Juntou toda aquela raiva e foi descontá-la no corpo frio deitado na maca do IML, que nem tinha visto nos dramas televisivos. Deu socos contra aquela carne dura, que já não era mais o garoto que ela amava.

— Por que você fez isso comigo?

O velório ocorreu no dia seguinte. Os amigos da turma se reuniram em volta dela e se olharam em silêncio.

— A gente sempre se juntou pra festejar, hoje vamos nos encontrar pra chorar?!

Valdemar ficou tocado com o soluçar da moça e tomou a palavra no grupo:

— Perdão, Safira, a culpa é minha. Você tinha sua vida, era trabalhadora, e eu te meti em tudo isso. O seu sofrimento é culpa minha.

Poucos meses depois, ele também morreria de tiro.

Em família

A polícia entrou arrombando a porta e prendendo todo mundo que estava na casa. Por conta das trinta petecas de cocaína, meteu na viatura a mãe, o marido, o filho, a filha e até uma visita que dormia no sofá. No caminho da delegacia, Ieda foi se torturando em silêncio. Sabia que um dia aquilo ia acontecer. Sabia. Mas que tipo de mãe denunciaria o próprio filho?

Tinha percebido quando seu comércio foi convertido em ponto de tráfico. A clientela aumentou, até a cerveja começou a vender mais. Eles, que eram pobres, eram muitos e não tinham estudo, pararam de contar moedas. Ieda achava errado que a vida melhorasse daquele jeito, mas não se impôs. Nem sequer falou no assunto.

Ironia: seu amor pela família a levou a uma cela compartilhada com a filha mais velha no Centro de Reeducação Feminino (CRF) de Ananindeua, no Pará. No dia em que conheci Ieda, a filha estava no castigo — não era boa em silêncios como a mãe. Ieda cheirou que eu tinha nível superior e me atropelou de perguntas sobre seus direitos. Não sabia quase nada sobre a pena, o regime semiaberto, tratamento médico em presídios. Dependia de um defensor público cujo rosto nunca tinha visto. Fiquei ali, atropelada mesmo, ofertando uma ou outra informação que havia lido em uma cartilha — e me sentindo inútil.

Ieda havia envelhecido exageradamente em quatro anos de cadeia. Aos 52 anos, tinha um rosto de quase 60. Queria atenção, mas tinha dificuldades em se expressar. Pobre Ieda. Senti pena dessa mulher que tinha o nome da minha mãe.

Na mesa em que ela estava sentada, fazendo um bordado simplório, havia duas belas irmãs de feições indígenas, de 23 e 26 anos, presas em condições bem parecidas à dela. Marta e Márcia haviam sido criadas por mãe solteira e vivaz, que havia suado os anos em trabalhos braçais. Quando o corpo começou a traí-la e os anos roubaram sua disposição, foi demitida.

Marta, a mais velha, não ganhava dinheiro suficiente para sustentar as três e não queria que a irmã caçula parasse de estudar. Ela mesma tinha sonhado em se mudar para Belém e virar algum tipo de doutora. Mas trabalhava horas demais, duro demais, não aguentara a escola ao fim do dia. Descobriu, então, que traficar exigia muito menos esforço e pagava muito melhor. Podiam comer bem, viver bem, usar roupas da moda, ir às aparelhagens de tecnobrega.

A mudança repentina de padrão de vida, contudo, chamou a atenção dos vizinhos, que chamaram a polícia. Ela e a irmã mais nova foram presas como traficantes. No interrogatório, Marta chorou, jurou que Márcia não sabia nem dizer o que eram drogas. Estava tão nervosa que embaralhou o discurso. E a inocente Márcia, que estava ainda amamentando o primeiro bebê, pagou por sua falta de habilidade ao falar. A pior pena de Marta foi a culpa pela prisão da irmã caçula.

A prisão é uma experiência em família para muitas mulheres no Brasil, não apenas para Ieda, Marta e Márcia. Em geral, é gente esmagada pela penúria, de áreas urbanas, que buscam o tráfico como sustento. São, na maioria, negras e pardas, mães abandonadas pelo companheiro e com ensino fundamental incompleto.

Segundo o Ministério da Justiça, entre 2007 e 2012, a criminalidade cresceu 42% entre as mulheres — ritmo superior ao masculino. Uma tese em voga entre ativistas da área é a de que a emancipação da mulher como chefe da casa, sem a equiparação de seus salários com os masculinos, tem aumentado a pressão financeira sobre elas e levado mais mulheres ao crime no decorrer dos anos.

Dados comprovam a teoria. Os delitos mais comuns entre mulheres são aqueles que podem funcionar como complemento de renda. Como mostram Ieda e Marta, tráfico de entorpecentes lidera o ranking de crimes femininos todos os anos no Censo Penitenciário. Os próximos da lista, e para os quais vale o mesmo raciocínio, são os crimes contra o patrimônio, como furtos e assaltos.

Os crimes cometidos por mulheres são, sim, menos violentos; mas é mais violenta a realidade que as leva até eles.

Seu juiz

O juiz de execução Sidinei Brzuska fazia uma visita de praxe ao Presídio de Guaíba, no Rio Grande do Sul. Sua passagem pelos corredores compridos, porém, era acompanhada de gritos pouco comuns, que escapavam de dentro das celas fechadas.
— Dr. Brzuska, por favor!
— Escuta a gente, seu juiz!
— Doutor, doutor, doutor!
A insistência das presas foi tanta que, a certo ponto, o homem resolveu retrucar.
— Mas o que é, afinal?
— Por favor, doutor, libera ao menos a chapinha!

Encantados

Glicéria Tupinambá me apresentou os Encantados enquanto bebíamos água de coco numa noite quente em sua casa catita na Serra do Padeiro, no sul da Bahia.

Os Encantados, explicou, em linguajar que eu pudesse entender, são como espíritos da floresta. Eles foram incumbidos pelo Criador da responsabilidade de proteger as pessoas, a natureza e todos os seus elementos. Perambulam por aí sem serem vistos, mas são extremamente ocupados. Respeitam os territórios uns dos outros, sob a penalidade de causar grandes desastres naturais. Quando os Encantados do mar, por exemplo, invadem o espaço dos da terra, ocorrem os tsunamis. Quando os Encantados das profundezas invadem as áreas dos de superfície, acontecem os terremotos. E assim por diante.

Um dia, porém, quando Deus andou pela Terra, achou uma série de guerreiros de aldeias diversas a quem quis atribuir a honra de tornarem-se Encantados ao morrer...

— Peraí, Glicéria, você quer dizer quando Jesus veio à Terra?

— Não sei se era Jesus, não perguntei, nem tive curiosidade de saber que deus que era, o importante é só que ele veio à Terra, Nana. Quem liga que nome Deus tinha?

Então, quando Deus andou pela Terra, falou a esses guerreiros de povos sem nome e pediu que caminhassem pelo mundo e conhecessem pessoas. Eles assim o fizeram. A primeira aldeia que encontraram pelo caminho sofria de uma intensa sede. Seus moradores corriam cheios de potes aos rios e lagos, mas a água se recusava a entrar em seus vasilhames, desviando deles. Alguns dos guerreiros, porém, traziam os conhecimentos dos pajés e ensinaram-nos como adorar os espíritos do rio para que eles lhes dessem de beber. Outros, no entanto, apesar de sua imensa coragem, temiam as iaras, as perigosas e belas sereias que atraíam os homens para o fundo das águas. Estes esperaram os demais sem se envolver no problema.

No próximo povoado, havia intensa fome, pois as árvores já não davam frutos. Um punhado desses heróis, então, ensinou aos moradores como caçar e como cultivar a terra para obter a própria comida. Os guerreiros que não tinham o conhecimento, nem a vontade de aprender, ficaram apenas aguardando.

E, assim, os guerreiros andaram pelo mundo encontrando novas comunidades e novas provas, e a elas foram respondendo até encontrar um desafio final. A última aldeia estava sob ataque de um inimigo poderoso que pretendia destruir os indígenas. Cansados e amedrontados após tantas batalhas, os guerreiros entenderam que aquele não era um problema que cabia a eles resolver e que não valia suas vidas. Era um combate perdido. Todos concordaram com a decisão, exceto um. Esse guerreiro liderou o povo oprimido, atirou-se decidido a morrer junto a eles. Sua paixão e sabedoria, porém, conquistaram a vitória pouco provável de seus protegidos.

Ele voltou para junto dos outros guerreiros cheio de honra por seus feitos e eles seguiram sua peregrinação até que, no caminho, cruzaram com um ancião que revelou:

— Eu sou Deus e vocês todos foram testados. Cada um de vocês mostrou ter habilidades que podem servir aos outros. Essas qualidades darão nomes a seus povos.

Ele nomeou, então, um a um os povos dos guerreiros e ao último deles, o único que havia entregado a própria vida pelo próximo sem se preocupar consigo mesmo, ele deu o nome Tupinambá, que significa "Deus perto do homem e o homem perto de Deus". Esse seria o povo com coragem para vencer todas as batalhas e desafios que cruzassem seu caminho.

Quando o guerreiro Tupinambá voltou para sua aldeia, já não era mais carne, mas espírito. Havia se tornado o primeiro Encantado humano. Dali em diante, todo aquele que dedicasse sua vida a proteger se tornaria também um espírito da floresta após a morte.

Esses Encantados, contudo, não são eternos. Só existem enquanto sua história continua a ser contada. Sua existência é garantida cada vez que um de seus descendentes lembra de seus feitos e os passa adiante.

— Por exemplo, quando meu avô morreu, para nós, ele também se tornou um Encantado — explicou Glicéria. Ele viveu na geração dele, na do meu pai e na minha. E agora vai viver na do meu filho e na dos meninos dele. A história dele vai virar eterna e, por isso, ele nunca vai pro esquecimento. Porque a morte pior é aquela em que você vai pro esquecimento. O que nos torna presentes na natureza é a história.

Os Tupinambá, como o primeiro guerreiro, querem viver histórias dignas de serem contadas, para que sejam Encantados que vivem além do tempo de suas vidas materiais. Eles encaram a coragem de enfrentar batalhas como sua característica definidora e a utilizam para retomar as terras que eram originalmente suas e foram tomadas. E não são apenas os homens que enfrentam os fazendeiros e a polícia na reprodução do último desafio do guerreiro, mas também as mulheres.

Maria da Glória, Chica, Ailza, Glicéria.

No primeiro ataque da Polícia Federal à serra do Padeiro, na Terra Indígena Tupinambá de Olivença, em 2008, a mãe de Glicéria, Maria da Glória, recebeu um tiro de bala de borracha no meio do peito, pois se recusou a fugir de seu pedaço de chão. Chica tomou seis deles no corpo todo e teve que fazer cirurgia até. Ela postou-se entre a polícia e as crianças que corriam para se esconder no matagal e usou seu corpo como escudo. Ailza foi torturada pela Polícia Federal em 2009, durante uma tentativa de reintegração de posse. Colocaram fogo em seus colares e lindos cocares, além de ameaçar cortar o cabelo dela, o que seria gravíssimo, já que havia prometido aos Encantados que os manteria longos.

Essas mulheres todas, para os Tupinambá, provavelmente se tornarão Encantadas quando morrerem. E também Glicéria, que foi presa injustamente com o pequeno Erúthawã nos braços, com apenas um mês e meio de vida. Uma história digna de ser contada através das gerações — a começar por este livro.

A sentença do filho

Quando a polícia finalmente pôs as mãos em Gardênia, ela estava já com a gravidez avançada. Não que isso, em momento algum, tenha lhe rendido tratamento especial. Quando foi detida, Gardênia foi jogada com violência dentro da viatura e teve uma bolsa pesada atirada contra sua barriga.

— Aiiii!

— Tá reclamando do quê? Isso é só outro vagabundinho que vem vindo no mundo aí!

Quatro dias depois de chegar à delegacia, a pressão emocional e as más condições adiantaram o parto em dois meses. Começou a sentir as contrações e pedir ajuda, mas os policiais alegaram que não havia viatura disponível para levá-la ao hospital.

Dor, dor, dor. E foi só quando ela entrou mesmo em desespero e começou a gritar, a incomodar, que encontraram uma viatura para ela. A agonia era tanta que Gardênia até rasgou a farda do policial que a transportou até o carro.

Entre uma contração e outra, ela foi observando a rua, as pessoas que olhavam o carro com medo, com curiosidade, com hipocrisia. A ninguém importava Gardênia ou o bebê que carregava. Eles eram o resto do prato daquela sociedade. O que ninguém quis comer. E seu filho já nascia como sobra.

A dor foi esquecida por um momento quando Gardênia chegou ao hospital e, já na maca, conheceu a dra. Dariane. Ela se aproximou com seu jaleco branco e rostinho de menina "que nem parecia de uma médica, mas de uma estudante". Pediu que retirassem as algemas de Gardênia, perguntou se ela precisava de mais anestésico e disse que poderia ter o quanto quisesse. Fazia tempo que ela não era tratada assim que nem gente — principalmente por alguém que não "tirava cadeia"* também.

— Ela me tratou bem. Eu sentia dor, porque conforme dá os ponto dói, né? E eu: "ai dotora, tá doendo", e ela dava outra anestesia. Se desse uma pontada, ela dava outra. Dava anestesia sem dó. Sem economizar. Então, quer dizer, eu achei que ela me tratou bem porque geralmente eles dão ponto a cru, né? Lembro dela: era branquinha, do cabelo bem lisinho, assim, comprido. Um amorzinho. Os cabelos loiros, os olhos pretos. Era bonita, uma cara de menina bem novinha. Eu ia até pôr o nome da minha filha em homenagem à médica: Dariane.

Não pôs. Mais tarde, por medo de perder a guarda da filha, pediu que a irmã corresse para registrá-la. Como a irmã não sabia que nome a mãe havia escolhido, colocou Ketelyn mesmo, que era um de que ela gostava.

— Fiquei triste porque eu queria esse outro nome, né? Tanto é que eu fiquei chamando ela um tempão de Dariane. Dei todas as vacinas nela como Dariane antes de registrar, na carteirinha, o nome é Dariane. Aí depois que registrou começou a chamar ela de Ketelyn. Mas tá bom, já acostumei Ketelyn mesmo. Tem que acostumar, né, fazer o quê?

---

*Cumprir pena.

A pequena Dariane-Ketelyn veio ao mundo com pressa. Foi um nascimento prematuro, um parto rápido, e uma saída-relâmpago da sala — quase como se fosse um apêndice retirado. Não se deu ao luxo de descansar do esforço de nascer no colo da mãe. Não deixaram nem que Gardênia segurasse a filha. Só conseguiu, de relance, conferir que era menina, como havia anunciado a médica.

"Até nisso é diferente a gente presa do que a gente solta. Solta, você pega seu filho, vê. E eu nem consegui olhar os dedos da mão e do pé, pra ver se não tava faltando nenhum", ficou se repetindo.

Logo depois dessa inspecionada rápida, Gardênia foi algemada à cama novamente. O procedimento é comum para presas que dão à luz. A ativista Heidi Cerneka, uma americana de português quase impecável e fala pausada, que há treze anos trabalha com a causa da mulher presa no Brasil na Pastoral Carcerária, faz brincadeira com esse protocolo:

— Tem mulher que até dá à luz algemada na cama. Como se ela pudesse levantar parindo e sair correndo. Só homem pode pensar isso. Porque mesmo que ela pudesse levantar, qualquer policial com uma perna só andaria mais rápido que ela.

Heidi deixou Chicago há catorze anos, decidida a trabalhar com mulheres brasileiras. Começou com as garotas de programa, que eventualmente eram detidas por envolvimento com drogas e sempre reclamavam do abandono da mulher na cadeia. Foi checar a informação e nunca mais saiu dos presídios. Uma de suas causas mais fervorosas é o direito das mães (e dos bebês).

Como Gardênia, ela viu muitas. Conta que, certa vez — em 2009, ela crê — uma das alas maternas exclusivas estava lotada ao ponto de mães e bebês terem que se acomodar no chão.

— O berçário tinha 110 mulheres num espaço de quarenta e poucas. Tinha mãe que havia acabado de chegar do hospital, assim, pariu hoje de manhã, já recebeu alta no mesmo dia, e estava ali, dormindo no chão. E o bebê no chão junto com ela, claro.

A caridade geral varia de lugar a lugar. Em alguns, vale a ordem de chegada para definir quem dorme na cama e quem não. Em outros, a hierarquia de poder é que conta. Em outros ainda, felizmente para as grávidas, existe um código de caridade que faz com que as presas cedam seus lugares para que elas durmam com mais conforto. Também é comum que não recebam tratamento pré-natal.

A maioria das detentas grávidas já chega grávida na cadeia. Algumas, já no fim da gestação, nunca passaram por um obstetra pois eram pobres e desinformadas demais. Como em todo o país só existem 39 unidades de saúde e 288 leitos para gestantes e lactantes[5] privadas de liberdade, na maioria dos presídios e cadeias públicas, elas ficam misturadas com a população carcerária e, quando chega a hora do parto, *geralmente* alguém leva para o hospital. Já nasceu muita criança dentro do presídio porque a viatura não chegou a tempo, ou porque a polícia se recusou a levar a gestante ao hospital, já que provavelmente não acreditou — ou não se importou — que ela estava com as dores de parto. Aconteceu, em alguns casos, conta Heidi, de as próprias presas fazerem o parto, ou a enfermeira do presídio.

Gardênia ganhou, no grito, o direito de dar à luz no hospital. E foi muito bom que tenha feito assim porque Ketelyn nasceu com hiperglicemia e precisou ficar em observação. Mesmo nessas condições frágeis de saúde, só permitiram que Gardênia amamentasse a filha uma vez por dia. A caridade acabou junto com o plantão de Dariane.

---

[5] Como a maioria dos dados citados no livro, estes vêm do censo penitenciário de dezembro de 2012, o mais atual quando escrevia este livro.

— Na hora de ir pro quarto tem que ficar algemada. Pra amamentar você vai até o berçário. Aí tinha guarda que me levava pra amamentar, mas tinha guarda que não levava, não. Eles que amamentava lá do jeito deles. Tinha só um polícia que me levava, que ele era bonzinho e levava eu. As guardas mulheres não deixavam e o homem que deixava, acredita? Mas não era todo dia não. Ele ficava lá dentro do quarto comigo, a gente ia no banheiro, tinha que mandar ele sair. Quando você ganha nenê, tem que pôr aquelas roupas horrorosas que fica com a bunda aparecendo atrás. Tinha que mandar sair e, às vezes, ele achava ainda ruim. Ele dormia lá no quarto mesmo, em cima daquelas camas que tinha lá. Eu ficava presa na cama e ele roncando lá do outro lado, roncava mais do que não sei o quê.

Em cinco dias, Gardênia ganhou alta, mas Ketelyn continuaria internada por mais quinze. Sem visitas. Gardênia pediu para se despedir da filha antes de voltar ao presídio. Os policiais a levaram para o vidro em frente ao berço da garota e disseram que devia dizer seu tchau dali. Chorou em silêncio, jogou um beijinho da janela e engoliu a vontade de abraçá-la.

Ketelyn nasceu há dezessete anos e até pouco tempo atrás centenas de mulheres tiveram a mesma despedida fria e relâmpago de seus filhos. Só em 28 de maio de 2009, o então presidente Luiz Inácio Lula da Silva sancionou a Lei 11.942, que assegurava às presidiárias o direito de um período de amamentação de no mínimo seis meses e cuidados médicos aos bebês e a elas. A lei não foi, no entanto, acompanhada de meios para seu cumprimento. Existem apenas cerca de sessenta berçários e creches em todo o sistema carcerário feminino brasileiro.

Quando não há vagas nesses locais, o procedimento é enviar as lactantes para berçários improvisados nas penitenciárias, onde elas podem ficar com o filho e amamentá-lo, mas não têm acesso a cuidados médicos específicos. O benefício não é estendido a todas as mulheres, sobretudo não às que cumprem pena em locais impróprios e precisam sujeitar os recém-nascidos às mesmas condições subumanas em que vivem.

Para Gardênia, "não teve essas mordomias de Lula não". Ela teve que voltar à cadeia e se reacostumar a dormir no chão de higiene duvidosa da delegacia. Em pouco tempo, seus pontos inflamaram. Doíam tanto que não conseguia andar direito. Chegou a ir ao hospital, onde lhe receitaram vinte injeções de anti-inflamatório. Levaram-na pra tomar duas delas e depois não levaram mais. Não tinha viatura, não tinha policial, sempre havia uma desculpa. Concluiu que era má vontade e não adiantava insistir. Teve que sarar com as duas que tomou mesmo.

Em comum, tanto Gardênia quanto as grávidas de hoje têm problemas com processos. Quando estão internadas ou em um centro hospitalar distante dos tribunais em que tramitam seus casos, muitas vezes perdem audiências por falta de quem as transporte, e o processo é atrasado. Existem ainda aquelas que ficam diante de uma escolha de Sofia.[6] Quando são transferidas para presídios com berçários, em geral mais distantes, ficam afastadas dos outros filhos. Algumas delas tomam a dura decisão de abrir mão do período com o bebê. Como Rebeca, uma mulher que devolveu seu filho de quatro meses porque queria voltar para a cadeia pública (e superlotada) de Itapevi, onde ficaria perto dos demais ao menos nos dias de visita.

As que conseguem completar os seis meses de direito, precisam dar o filho para o pai, um parente ou entregar para um abrigo. Neste

---

[6]Em referência ao filme *A escolha de Sofia*, de 1982, em que uma mãe, presa em um campo de concentração, é forçada por um soldado nazista a escolher um de seus dois filhos para ser morto. Se ela se recusasse a escolher um, ambos seriam mortos.

último caso, quando terminam de cumprir sua pena, elas têm que pedir a guarda dos filhos de volta à Justiça. Nem todas conseguem. Para provar-se capaz de criar uma criança, é preciso ter comprovante de endereço e emprego. E esse é um salto muito mais difícil de ser dado pelas mulheres com antecedentes criminais. Quando um homem é preso, comumente sua família continua em casa, aguardando seu regresso. Quando uma mulher é presa, a história corriqueira é: ela perde o marido e a casa, os filhos são distribuídos entre familiares e abrigos. Enquanto o homem volta para um mundo que já o espera, ela sai e tem que reconstruir seu mundo.

Gardênia foi presa mais vezes depois dessa, e, em alguma parte do caminho, o marido sumiu também. As filhas tiveram que crescer em um abrigo. Hoje, Ketelyn é uma menina "educada", diz Gardênia. Está no ensino médio e vai bem na escola. Mas é uma menina fechada e reticente, que tem dificuldades de expressar os sentimentos. Não visita muito a mãe porque tem que ir ao médico constantemente. Ele não sabe dizer exatamente o que Ketelyn tem, mas a menina bate a cabeça na parede todas as noites até adormecer.

— Ela fica assim, ó: "uh, uh, uh" — Gardênia balança a cabeça pra frente e pra trás quando diz isso. — Acho que foi do nervoso que passei. Você deita no mesmo beliche que ela e até balança. Aí, daqui a pouco, quando para de mexer, é porque ela dormiu.

Maria de Nazaré

Se existem no mundo mulheres que nasceram para ser mães, Nazaré certamente é uma delas. Ela tem todos os ingredientes que compõem o melhor da espécie: uma afetividade gratuita e que flui com naturalidade, um dom para ouvir e capacidade para acreditar e estimular. Nazaré tem um sorriso bondoso de mãe, um abraço caloroso e aquele prazer inexplicável em alimentar bem as pessoas e ouvi-las sussurrar "hummmm" ao fim da primeira garfada.

O destino, porém, colocou todos os empecilhos possíveis entre Nazaré e a maternidade. Ela perdeu seu primeiro filho ainda na barriga, aos quatro meses. O segundo, nascido prematuro, viveu poucos dias.

Até que veio José William, seu presente, seu filho, seu menino. Nazaré amava ser mãe mais do que qualquer outra coisa. Por causa de Zé William, ela ficou mergulhada numa vida boa de viver. Tinha a impressão de que ela, o marido e o filho eram uma coisa só. Quem conviveu com a família nesse tempo testemunha que a sintonia entre os três era mesmo coisa rara. Aos finais de semana, faziam caldeiradas de feijoada e cachorro-quente e enchiam a picape para alimentar as crianças do bairro em que viviam, em Belém do Pará. Nazaré ficava em seu mundo precioso, imaginando o dia em que faria o mesmo pelos filhos de seu filho e os filhos daquelas crianças que brincavam ali.

Dezoito anos felizes passaram num sopro. A família havia voltado há pouco de uma viagem à casa de veraneio quando Zé William, agora um belo rapaz moreno, começou a ter febres constantes. Apreensiva, a mãe listou em sua cabeça todas as doenças transmitidas por mosquitos que perambulavam a região Amazônica. O garoto insistia que não era nada, pedia que a mãe arrumasse com o que se distrair. No terceiro dia, porém, Nazaré conseguiu arrastá-lo até um hospital.

A notícia caiu sobre ela com o peso dos sonhos: os dela, os dele, os dela para ele. Zé William estava com câncer. A variedade, tumor de Askin, era rara, mas havia feito fama ao levar o cantor sertanejo Leandro, em 1998, de maneira fulminante. Marcaram uma cirurgia de emergência para investigar a natureza e gravidade do tumor. O procedimento acabou assim que os médicos colocaram os olhos na massa maligna. Não havia nada a ser feito pelo menino de Nazaré. Zé William morreu 35 dias depois.

Destroçados, ela e o marido deixaram tudo que tinham e foram viver com uma irmã dela. As noites eram longas; os dias, insuportáveis. As coisas que ela costumava desejar perderam o brilho, o dinheiro esqueceu de ter valor. Nazaré ficou à deriva, náufraga da vida. Desesperada por uma boia em que se agarrar.

O consolo veio de forma inesperada. A timidez centrada da mulher chamou a atenção da diretora do Centro de Reeducação Feminino (CRF) de Ananindeua, cidade vizinha a Belém do Pará, que a convidou para coordenar a recém-inaugurada Unidade Materno--Infantil (UMI) do presídio. Respondeu:

— Pense bem, pois não sou mulher de trabalhar dois anos num lugar: sou mulher de vinte.

Difícil dizer por que Nazaré aceitou a proposta. Na UMI, estaria exposta ao cotidiano de mães que geravam e amamentavam seus filhos até 1 ano de idade para, em seguida, perdê-los para familiares ou para o Estado. Mães que viviam assombradas pela ideia de ver seus bebês absorvidos pelo confuso sistema de adoção brasileiro. A perda de Zé William, de novo e de novo, em diversos rostos.

Suponho, no entanto, que Nazaré tenha encontrado ali um jeito de trabalhar para que outras mães não perdessem seus filhinhos. E ela assumiu essa tarefa com afinco.

Seu primeiro grande desafio foi Aline, uma jovem traficante difícil, de gravidez adiantada, que estava decidida a dar seu bebê logo após o parto. Aline era indomável, teimosa, levemente bipolar, irônica e um tanto encrenqueira. No meio da gravidez, escapou do presídio pulando um muro enorme, de barrigão e tudo. Foi capturada pouco depois. Aos desacatos de Aline, Nazaré respondia com castigos duros, mas humanos: proibia visitas por determinado tempo, cortava a frequência dos banhos de sol. Mas apostava no diálogo e insistia nele com teimosia e paciência ímpares.

No dia em que o bebê de Aline nasceu, Nazaré foi visitá-la no hospital. Perguntou se a moça passava bem, se o bebê gozava de boa saúde e lançou:

— Já posso levá-lo, Aline? Pensaste bem nisso?

A moça pôs-se a rir, em silêncio.

— O que foi, menina, mudaste de ideia?

A mãe olhou para o bebê e começou a chorar.

— É impossível tu levares, eu... eu já criei amor.

O trabalho de formação dessa mãe, é claro, não parou por aí. Nazaré tinha que observar se a jovem, que passara pouco dos 20 anos, amamentava o bebê durante a noite, se era atenta à troca frequente de fraldas, se dedicava algum afeto físico à criança. Foi ensinando a maternidade a Aline como quem ensina um ofício. Apostava na ressocialização com um misto de fé religiosa e humanista. Acreditava que a presença dos filhos era sempre um facilitador para a reinserção social das mulheres. Com aquelas crianças na vida, elas tinham pelo que lutar. Ou queriam visitar seus bebês em porta de presídio algum dia?

— Considerando algumas exceções, a prisão não rouba da mulher o seu instinto materno. Eu creio nisso, eu vejo isso. A maioria delas tem filhos fora da cadeia e, quando a saudade bate, elas choram sem pudor. Só eu vejo como elas sofrem por seus filhinhos perdidos. Só eu sei.

Quando conheci Nazaré, fazia um ano e meio que ela havia perdido Zé William e sete meses que dirigia a UMI. O lugar era o único presídio digno que eu visitara em quatro anos de pesquisa. Os quartos exibiam paredes coloridas, camas e bercinhos, brinquedos e bichinhos de pelúcia. As cinco gestantes e seis mães com bebês que ali viviam gozavam de bochechas coradas e energia. As instalações eram ventiladas, recebiam luz natural, havia um pátio, um consultório humilde, mas bem equipado, ar-condicionado, cozinha limpa. Uma pediatra consultava as crianças semanalmente. Apesar de depender em 50% de doações da Pastoral Carcerária, as crianças tinham fraldas e, quando necessário, leite do banco de leite. As dificuldades não eram poucas, já que o centro não tinha uma verba fixa definida por parte do poder público. Eventualmente, Nazaré usava dinheiro de seu bolso para comprar material para aulas de bordado.

Crescer em uma cadeia, naturalmente, não é coisa ideal para um bebê. Nazaré lamentava que eles nunca tivessem dado um passeio em uma das belas praças de Belém ou aproveitado o clima de um parquinho. Sentia que nunca pudesse ensiná-los a bater palmas em frente a um bolo de aniversário.

— O sistema proíbe que celebremos aniversários em presídios, mas que me perdoem: o sistema está errado. Muitas daquelas mulheres nunca tiveram uma festa de aniversário na vida, imagine que transformação isso poderia causar nelas?

A norma magoou Nazaré especialmente no aniversário de Aline. A garota passou o mês inteiro falando em um bolo, em como apagaria as velas pela primeira vez na vida. A data chegou sem que Nazaré tivesse obtido autorização para, ao menos, um bolinho de supermercado. Ficou arrasada — talvez mais que Aline, que parecia se importar com pouco na vida.

Nazaré arranjava encontros com juízes e defensores e tentava auxiliar algumas mulheres a manter a guarda das crianças. Às vezes, percebia que o esforço era em vão. Pressentia que algumas das jovens mães de quem cuidava estavam a um mês de perder contato com seus bebês e mergulhar na depressão que ela ainda experimentava ao chegar em casa, todos os dias, e lembrar que Zé William nunca mais a receberia após o trabalho, chamando-a de "nega". Só tinha uma certeza: se chegasse o dia de uma mãe perder o seu filhinho, ela não queria estar lá.

Na semana em que passei em Belém, uma nova gestante estava prestes a dar à luz. Era seu quinto bebê, apesar de ela não ter ficado com nenhuma das crianças. Deu cada uma delas após o nascimento. O caçula teria o mesmo destino, não fosse a intervenção de Nazaré. A coordenadora marcou conversas entre a detenta, uma assistente social e uma psicóloga. A moça saiu revigorada dos diálogos, decidida a criar aquela criança.

No dia em que a viatura chegou à UMI para buscar a presa para o parto, as onze mulheres do presídio vieram correndo, banhadas em revolta, atrás de Nazaré.

— Você não pode permitir isso, não pode!

— Mas permitir o quê, por Nossa Senhora!

Saiu à porta e se deparou com a agente carcerária, munida de uma algema de três pontas, aquelas que se fixam à barriga, aos pés e aos punhos, sendo as três extremidades ligadas por correntes. Nazaré achou aquilo desumano. Argumentou com a agente e garantiu que uma mulher em trabalho de parto não precisava de tantas medidas de segurança. Aquela mãe em formação foi ter seu quinto, mas primeiro filho, quase como se fosse livre. E aquela criança não nasceria presa.

Quando chegou em casa naquela noite, Nazaré olhou a foto de Zé William de novo, lacrimejou ao falar dele, lembrou dele no jantar, enquanto os homens jogavam baralho comendo peixe frito na varanda. Fiquei comovida com seus olhos marejados, mas senti que, no peito, ela tinha um alívio. De uma maneira distorcida e imprevista, o destino tinha, afinal, feito dela uma mãe de mães.

Socorro

Cinco da manhã na Rodoviária do Plano Piloto, centro madrugadeiro de Brasília, onde se entrecruzam o Eixo dos servidores públicos e o Eixo de expulsão dos proletários do Entorno. Num banco duro, tomo um café amargo para espantar o cansaço da noite maldormida. Espero por Socorro.

Observo os trabalhadores que chegam, cheios de coragem, das cidades-satélites (brasiliense não gosta de usar este termo porque revela o tamanho de seu preconceito, mas eu uso como um protesto). Eles vêm para continuar construindo a capital, como novos candangos. Sempre cuspidos de volta para a periferia ao fim do dia.

Usuários de crack insones perambulam pela plataforma, assustando alguns, engolindo o desprezo de outros. Um senhor louco, morador de rua, começa a falar sozinho e coçar a perna pulguenta como um cachorro. Homens me dirigem olhares intimidadores e fingem que me elogiam ao me ameaçar com cantadas de mau gosto.

Socorro ainda não chegou. Me ocorre que este talvez não seja um bom nome para ela. Ela nunca pediu ajuda, a mim pelo menos, e não parecia precisar de socorro algum. Era uma mulher de um sorriso fácil que escorregava até os olhos, bem miudinhos e claros.

Tinha uma dignidade que ninguém roubava e tanto carisma que era impossível não querê-la bem só de olhar. Criava os netos porque a filha, Carolina, estava presa (não vou falar de Carolina agora, este capítulo é sobre Socorro, mais tarde voltamos à filha). Não reclamava, não tinha pena de si e tirava dinheiro de pedras para sustentar a casa.

Quatro meses separavam este dia daquele em que conheci Socorro. Eu a havia contatado porque queria ser tratada como parente de presa. Queria passar pela revista vexatória se necessário, e me esquivar da simpatia e do olhar vigilante dos carcereiros.

Socorro chega um pouco atrasada e não aparenta estar cansada. Apesar disso, confessa ter ido dormir tarde, arrumando a casa e pondo crianças para dormir. Guia-me até o ponto de ônibus e lá esbanja popularidade. Conhece todos da fila.

Os papos são diversos. Uma mulher vai trabalhar como parte de seu processo de retorno à vida durante a condicional. Socorro dá umas broncas maternas na moça, pedindo que não se deixe voltar à prisão. A moça assente.

Um senhor que não tem menos de 65 anos chega junto delas com duas sacolas fartas de regalias. Socorro questiona:

— Ô véio, tudo isso só para sua filha?

— Não, é que eu arrumei uma namorada — ele responde, e tenho a ligeira impressão de vê-lo estufar o peito.

Socorro cochicha em meu ouvido que o velho é viúvo namorador. Vai visitar a filha e se engraça com as outras detentas, a quem enche de pequenos luxos e, com isso, ganha seus corações. Eu simpatizo com ele. Vejo que se esforça por ocultar o sofrimento com faceirice. Mais tarde, quando pude vê-lo enroscadinho na filha, esforçando-se por parecer forte para ela, confirmo que meu sexto sentido não me enganou. Era mesmo um bom homem.

O ônibus atrasa. Socorro e a moça da condicional reclamam do motorista que nunca está no horário. Esperamos quase uma hora para o transporte público chegar, naquele friozinho da manhã, beirando a chegada da chuva.

A previsão do que virá não desanima Socorro. O ônibus vai parar a cerca de 1,5 quilômetro do Presídio Feminino do Distrito Federal, a Colmeia, e a distância terá que ser percorrida por nós a pé, na chuva. Chegando lá, porém, Socorro faz o seu jeitinho e estica o braço desinibido na estrada, pedindo carona para qualquer alma boa (ou não). Eu gelo por dentro quando vejo ela fazer isso. Penso nas mulheres estupradas nessas caronas com estranhos. Me convenço de que o risco faz parte e estico o braço atrás dela, porque, afinal, a chuva está fria e aposto na sorte.

Um homem acompanhado pela mãe atende a nosso pedido. Eles também visitam uma mulher presa, sua irmã e filha. Todos nós estamos horrivelmente vestidos com peças improvisadas. Há uma regra para visitantes do presídio, cuja motivação não é muito bem explicada, de que todos estejam vestidos totalmente de branco, sem mais do que uma blusa, de havaianas brancas, calcinhas brancas, sutiãs brancos. Um mínimo deslize e não importa quão cedo acordou para estar lá, está fora.

Dedicadas mulheres evangélicas nos recebem com café quentinho e bolo enquanto tentam laçar nossas almas. Eu finjo que estou laçada para ganhar mais um copo e percebo que mais gente segue minha estratégia. Não deixo de ser grata à doutrina que as faz serem boas com essa gente desprivilegiada.

Um funcionário aparece na porta, minutos antes do horário previsto para a abertura dos portões, e pede para organizarem a fila. Não se esforça para determinar os critérios que deveriam guiar a ordem e trata a todos os presentes como crianças malcomportadas.

Tento puxar papo com ele e ele olha para mim de cima, com superioridade, e não dá confiança. Entendo. Não sou mais jornalista, sou amiga de presa. Perdi uns 10 quilos de dignidade na mudança — ou mais.

Os parentes têm urgência em entrar. Querem saber se sua menina está bem, se sua mãe tem comido, se ninguém agrediu a namorada. Aos funcionários, essas preocupações parecem pouco importar, pois abrem os portões com mais de trinta minutos de atraso — e, naturalmente, ninguém atrasa o horário de fim da visita.

Esqueci de dizer, aliás, que a visita na Colmeia ocorre às quintas-feiras. Quem quiser ver as detentas precisa faltar no trabalho ou na escola, o que dificulta que mães recebam os filhos sem sacrificar sua formação. O motivo da escolha do dia é bem simples: os servidores da penitenciária não querem fazer plantão aos domingos.

A boa notícia é que a Colmeia é uma das poucas unidades do Brasil que já instalaram a radiografia corporal, essencial para garantir a dignidade nas visitas. Nas penitenciárias que não têm o aparelho, os parentes de presas passam por revistas vexatórias. Têm que abaixar, nus, para que seu orifício anal seja verificado e mulheres têm, por vezes, que colocar um espelho no chão enquanto abrem a vagina. Crianças não escapam da vergonha e nem bebês, que têm a roupa tirada e as fraldas trocadas por uma fornecida pela penitenciária. O objetivo é impedir que drogas, celulares e objetos cortantes entrem nas cadeias. Felizmente, a existência da radiografia corporal deu fim à validade deste argumento.

Seguimos cada regra sem sentido e entramos, não antes de ver os sabonetes que trouxemos para Carolina serem jogados no lixo por serem cor-de-rosa.

Carolina fica emocionada quando me vê chegar. Encostada à grade do pátio, ela esperava ansiosa pela mãe e celebra a chegada de alguém que pode apresentar como amiga para as companheiras de sentença.

— Os amigos somem rápido quando você vem parar num lugar desses — segreda Socorro. — Acolhi amigas íntimas da minha filha por toda a infância e adolescência e nunca vi uma delas vir aqui pra ver a cara dela.

Sentamos em um quadrado do pátio coberto, comprado por cada detenta por algumas centenas de reais. Se alguém sentar em metro quadrado não pago, vai ter que custear o aluguel mais tarde ou sofrer a hostilidade das demais por deixar de seguir as regras. As mais abastadas pagam por um lugar no banco daquele espaço, que chamam de rodoviária em referência ao terminal no centro de Brasília.

O chão está cuidadosamente forrado com lençóis limpinhos, Carol pega o pouco dinheiro enviado pela sogra para nos comprar bombons de agrado e separa outro tanto para que a mãe possa cuidar dos filhos. Socorro aceita sem fazer charme. Precisa. Talvez precise mais que a filha.

Percebo que Socorro é meio mãe de várias mocinhas abandonadas pela família. Escuta histórias, dá conselhos de senso comum, abraça e cobra atenção. Faz as amigas da filha se sentirem importantes e queridas. Senta, escuta e ri, como se tudo aquilo fosse um grande piquenique.

As poucas detentas para quem Carol revela que sou jornalista se amontoam ao meu redor para contar histórias horríveis em cochicho. Falam das grávidas que viveram as angústias do parto em celas úmidas e depois viram seus bebês nascerem presos porque ninguém se importou de levá-las a um hospital para dar à luz. Na capital de nosso país. Falam da frieza dos carcereiros que permitem que muitas cheguem ao desespero do suicídio sem nunca encaminhá-las a um psiquiatra. Falam das jovens meninas que vão e voltam com frequência da cadeia, por não acharem outra vida possível quando saem livres. Falam dos horrores da comida que é entregue crua, fria e, às vezes, com cabelos e insetos. Quando olho a quentinha do dia, não tenho coragem de comer.

Carol conta que chegou a ficar desnutrida ao chegar, grávida, à Colmeia. Não conseguia ingerir nada daquela refeição de higiene duvidosa e capricho quase nulo.

A saída dos visitantes é liberada em dois turnos. Um ao meio-dia, outro às 15h. Eu precisava sair no primeiro sinal, já que trabalharia naquele dia. Quando a sineta tocou, Carol me abraçou forte, pediu que eu voltasse mais vezes, que não me esquecesse dela. Segui para o gradeado e esperei pacientemente em meio ao amontoado de gente. De repente, uma carcereira miúda e de rosto infantil disse que não liberaria mais ninguém. Expliquei, com educação, que precisava ir ao trabalho, mas de nada adiantou suplicar. A senhora a meu lado era faxineira e poderia ser demitida se atrasasse outra vez. Isso tampouco comoveu a mocinha, que cerrou a cara e o coração.

Minha paciência acabou diante dessa frieza e afirmei que ela não tinha o direito de nos deter só porque tínhamos gente querida que estava presa, afinal, nós nunca havíamos cometido crimes. Que aquilo devia ser um tipo de cárcere privado feito pelo poder público — coisa que eu nem sabia se existia, mas achei que citar um ou dois termos da lei me daria mais credibilidade. Neste momento, chega um carcereiro grandalhão, diz que "desacato à autoridade" (!) não adiantará nada e fecha a cela em nossa cara, sem mais explicações.

Meu estômago revirou. Eu estava privada de liberdade como as mulheres que entrevistava, nem que fosse só por algumas horas. Eu estava sem entender o porquê, como muitas delas, fui privada de um direito de ir e vir que me era garantido pela Constituição.

Passei a caminhar de lado a lado do pátio, num pequeno surto de ansiedade. Pensei na minha equipe pequena do jornal, que ficaria sobrecarregada devido a meu atraso, lembrei dos maus-tratos que tinha recebido. Queria vomitar. Eu não podia sair. Havia uma claustrofobia meio irracional me dominando. Eu sairia em três horas, pessoas sobreviviam à privação da liberdade por anos.

Socorro entendeu meu estado sem me julgar. Colocou a mão no meu ombro e sussurrou:

— Agora sabe o que nós somos. Nada.

Uma fita colorida e a história de uma presa com o nome da minha mãe

Ieda, a presa que tinha o nome da minha mãe, era magra, feia, não tinha muitas habilidades e estava beirando os 50. Empilhou em cima de todas essas características um coração generoso que não entendia o conceito de dinheiro e perpetuou-se na pobreza.

Um exemplo do perigo desta combinação ocorreu pouco mais de um ano antes de ela ser presa. Soube que uma mocinha do bairro ia dar à luz e abandonar o bebê em seguida. Como podia algo assim acontecer? Quis estar ali logo no parto e virar mãe da garotinha rejeitada. Não pensou que os filhos que já tinha, e sustentava com dificuldades, seriam um empecilho. Garotinhas deviam ter mães ao nascer e ponto. Os meios para criá-la, encontraria depois.

Diria que a generosidade de Ieda era comovente, mas creio que não foi por generosidade que fez isso, mas por um tipo de amor gratuito que sentia pelas crianças, algo que fluía dela. Sentia-se obrigada a fazê-lo. Amou aquela menininha como amava as duas filhas que tinha gerado e amamentado. Sua casa era um furdúncio em que ocorriam até ilegalidades, mas era uma família, afinal. E uma família à qual a pequenina era bem-vinda.

A menina não tinha nem 2 anos quando a polícia arrombou a porta e prendeu todo mundo da casa — até a visita que dormia no sofá. Só a pequena escapou da cadeia e foi entregue ao único membro da família que saiu ileso: uma filha de Ieda que havia casado e se mudado para longe.

Entre as milhares de perguntas com as quais Ieda me atropelou no dia em que nos conhecemos, estava uma de estilhaçar o coração. Como ela poderia manter a guarda de sua filhinha? Amargas ironias: ela tinha o nome da minha mãe e eu me senti responsável pelo destino de sua filha, sem nada poder fazer a respeito, nem sequer responder à questão.

Alguns meses mais tarde, em um encontro com as fervorosas ativistas de Direitos Humanos da Conectas, pude entender melhor o caso de Ieda que, descobri, não é nada raro. Pesquisadores estimam que por volta de 85% das mulheres encarceradas sejam mães.[7] Quando detidas, seus filhos são distribuídos entre parentas e instituições. Só 19,5% dos pais assumem a guarda das crianças. Os avós maternos cuidam dos filhos em 39,9% dos casos, e 2,2% deles vão para orfanatos, 1,6% acabam presos e 0,9%, internos de reformatórios juvenis.[8]

Se os membros da família não podem mais sustentar a criança por razões de saúde ou por não atenderem às exigências financeiras do Estado para adquirir a guarda, como era o caso da filha de Ieda, os pequeninos se tornam alvo de disputa judicial e as mães presas podem perder sua guarda. O destino das mães é decidido em varas

---

[7] A estimativa é da pesquisadora da Universidade de Brasília (UnB) Maria Auxiliadora César, no livro *Exílio da vida: o cotidiano de mulheres presidiárias* (Editora Thesaurus, 1996). Não fiz um levantamento quantitativo, mas, por minhas observações, acredito que a aferição seja, ao menos, aproximada.

[8] Dados coletados pela Pastoral Carcerária referentes ao estado de São Paulo, mas que, provavelmente, não são muito distantes do quadro no resto do país.

criminais e o das crianças, em varas de infância e juventude. Esses dois departamentos da Justiça brasileira não estão conectados, ainda, por nenhum sistema informatizado. Assim, cada causa segue tramitando como se a outra não existisse.

Durante o processo, os fóruns enviam intimações para o endereço dos pais que têm registrados em seus arquivos. Essas cartas chegam às antigas casas das presas e ficam mofando nas caixas de correio. Elas nunca descobrem que foram convocadas a depor e manifestar interesse por manter seus filhos e faltam às audiências. O Estado entende a ausência como desinteresse e mergulha a criança no burocrático e ineficiente sistema de abrigos e adoção. Assim, uma mãe, com o nome da minha, perde sua garotinha.

A solução para o problema é tão simples quanto uma fita — aquele tipo de caso em que a genialidade está escondida no óbvio. Ativistas da Pastoral Carcerária e da Conectas perceberam que, no estado de São Paulo, havia um procedimento para indicar quando os pais da criança eram falecidos. Acrescentava-se ao processo uma fita preta. Assim, economizava-se tempo em busca de alguém que não mais existe. Ora, por que não acrescentar uma fita azul ou amarela para sinalizar que as mães estavam presas e deveriam ser convocadas nos presídios? A Pastoral encaminhou a sugestão ao Tribunal de Justiça de São Paulo, que a ignorou solenemente. No resto do país, como no Pará, onde Ieda e sua filha vivem, o procedimento também não mudou.

Assim, mesmo que eu tivesse uma resposta a dar a Ieda na ocasião, seria das piores possíveis. Ia ter que dizer que, para o Estado, o amor dela pela filha não vale nem uma fitinha colorida.

Os filhos de Camila

O pai de Camila, seu Ronaldo, acordou de madrugada para tomar água. Foi tateando pelo corredor, ainda meio sonolento, até que um susto despertou os seus sentidos. Era o fantasma de Wanderley, ali parado diante dele, no meio da casa. Só que um tanto mais jovem. Quando a mente foi voltando da lentidão do sono e Ronaldo percebeu quem realmente era a figura, ficou ainda mais arrepiado: Daniel era a cópia escrita do pai falecido.

Aos 18 anos, o rapaz é alto, tem cabelos loiro-escuros e olhos esverdeados como os da mãe. Um tipo caladão e reservado, que não gosta de dividir problemas pessoais. Nas raras situações em que abre o coração para a mãe, para assim que sente os olhos ficarem marejados.

— Vamos ficando por aqui que eu sou é homem.

Daniel sentiu muito mais a dissolução da família e a morte do pai. Com 12 anos na época, era o único que ia à escola e teve que aguentar a zombaria dos coleguinhas e os buchichos de suas mães. Uma vez, quando a tia — uma mulher morena, nada parecida com Camila — foi buscá-lo na escola, ouviu duas mulheres que apontavam para ele e diziam entre si:

— É esse aí ó, o que a mãe mandou matar o pai.

Na hora, a irmã se exaltou e disse que elas que não perdiam por esperar, porque situações assim podiam acontecer em qualquer família, inclusive na delas. Pegou Daniel e foi embora. Pouco depois, trocaram-no de escola e mudaram de casa.

Muito cedo, o garoto teve que entender a situação e tomar um posicionamento a respeito da mãe. Digeriu tudo naquele seu jeito introspectivo e um dia disse a ela:

— Seja o que estiver escrito no papel, para mim é indiferente. Pode estar falando que você é culpada ou inocente, eu sei a mãe que tenho.

Ele se diz ateu. Alega que não pode acreditar num Deus que só tenha lhe dado a opção de perder na vida.

Hoje, já homem, Daniel sente uma responsabilidade muito grande sobre o irmão caçula. É uma espécie de protetor e, ao mesmo tempo, um ídolo.

Diego, o filho de 11 anos, já é o oposto do irmão: gorduchinho, bochechas rosadas, cabelos encaracolados e loiros, olhos azuis. Gosta muito de falar. Quando a mãe foi presa, ele, então com 5 anos, pedia que o avô contasse o que aconteceu para todos que entrassem na casa. Tinha que conversar sobre o assunto.

Com o tempo, se convenceu de que a adversidade era uma prova divina para a mãe.

— Sabe, vô, meu pai ia morrer do coração na hora do almoço, mas aconteceu tudo isso porque minha mãe precisava passar por esse teste.

A mãe, hoje em regime semiaberto, se derrete diante dos encantos do caçula.

— Mãe, você me ama? — ele pergunta de vez em quando.

— Claro que amo.

— Mas me ama mais que o irmão?
— Diego, eu amo os dois igual.
— Mas pensa assim: o irmão nasceu primeiro, então você ama ele há mais tempo. Agora tem que me amar mais para compensar.

Na época em que Camila foi detida, a família de Wanderley tentou tomar a guarda dos garotos. Muitas audiências depois, uma assistente social foi à casa dos pais de Camila avaliar se os meninos viviam bem. De cara, o pequeno Diego olhou para ela e perguntou:

— A sua mãe tá presa?
— Não.
— E seu pai, é morto?
— Também não.
— Então o que você tá fazendo aqui, se você não sabe o que a gente sente?

Ele tinha 5 anos. A assistente social levou a informação junto com um laudo dizendo que as crianças eram muito bem cuidadas e deviam continuar com os avós maternos.

A avó dos meninos caiu doente logo depois da prisão da filha. Teve diabetes, doença de chagas, derrame e problemas cardíacos. Foi parar numa cadeira de rodas, perdeu a visão, a memória. Às vezes acordava pedindo por Camila e perguntando por que nunca mais o Wanderley havia vindo visitar.

Camila pediu que a mãe não fosse sujeita à vergonha da revista nessas condições e, por muito tempo, ficou sem vê-la. Um dia, uma presa com quem Camila convivia há muito tempo, mas com quem não tinha uma relação muito íntima, encontrou com ela no meio do pátio e lhe deu um abraço.

— Você vai precisar deste abraço — disse.

No mesmo dia, Camila foi chamada à sala da diretora do presídio.

— Eu não esqueço, a dra. Fúlvia, que tinha os olhos azuis como os da minha mãe. E, na hora, eu vi minha mãe sentada no lugar dela. E falei pra ela: "Dra. Fúlvia, não fala." E ela balançou a cabeça afirmativamente. Minha mãe tinha morrido. Eu me desesperei. Parei de comer. Eu queria morrer, só que não queria me matar porque se eu me matasse, eu nunca mais ia encontrar a minha mãe. Porque ela tava no céu e suicidas vão para o inferno.

A próxima vez em que encontrou Diego, o filho disse para ela:

— A dor que eu senti de perder a vó, acho que é a mesma dor que sentiria se eu perdesse você. Sabe, mãe, eu não queria que o pai morresse, mas ainda bem que foi o pai, porque se fosse você eu ia falar pro ladrão "pode atirar em mim, porque sem minha mãe eu não vivo".

Na hora, Camila desistiu de vez da ideia do suicídio.

O pai dela, Ronaldo, estava em situação parecida. Fez exame de próstata, de rim, de fígado. Ficava inventando dores, queria encontrar alguma coisa. Até que a filha — irmã de Camila — recolheu todos os exames, lhe deu um chacoalhão e disse:

— Os netos do senhor dependem do senhor. Se não for você, eles vão pra outra família. Porque eu, sozinha, não tenho força na Justiça pra cuidar dos filhos da Camila.

Teve que se recuperar. Às vezes, ele diz à Camila que ela não lhe deu o direito de viver, nem o direito de morrer. Na noite em que ela foi presa, Ronaldo pernoitou na delegacia. Tinha certeza de que, com uma história daquelas, Camila seria espancada. Fez guarda do lado de fora para ter certeza de que não ia acontecer. Não com a filha dele.

Durante a prisão temporária, que durou dois meses, Camila não pôde ter visitas. Lá dentro, a moça bem cuidada de classe média foi logo considerada "patricinha".

— Prisão de homem é assim: falou e tá aqui. Mulher não, mulher tem aquele negócio da inveja. Predomina muito dentro de uma cadeia feminina. Ninguém quer saber da outra bem. E quando eu não aguento com você, então eu também vou fazer que outra fique com raiva de você. Eu conheci a inveja e a falsidade dentro da cadeia. As meninas também diziam que "quem não tem, não come". E eu fiquei comendo aquela comida horrível. No distrito tem dia que a comida vem até azeda. Oito dormiam num colchão e meio. Era de dar câimbra no corpo inteiro. A gente não conseguia se mexer pra lado nenhum. Às vezes, tinha que acordar a do lado para poder levantar porque não podia mexer a perna. E eu olhava aquilo e pensava: "Meu Deus, eu nunca mais vou sair daqui."

A opinião de Camila sobre o clima de pouca solidariedade nas penitenciárias femininas é compartilhada por detentas e funcionários. No século passado, a filósofa feminista Simone de Beauvoir[9] fez uma análise sobre a relação entre mulheres que pode iluminar um pouco este caso. Em nossa sociedade, ela afirmou, cada mulher está acostumada a enxergar a outra como rival pela atenção e o amor masculinos. Já o homem costuma buscar o outro como cúmplice de suas conquistas, para validar sua masculinidade ao ir em prostíbulos, bares ou boates. Criar as mulheres para a competição seria uma estratégia da sociedade machista para dividi-las e mantê-las submissas. Nessas bases, desenvolveriam-se as relações. Na cadeia, elas apenas seriam turbinadas pela tensão.

A indiferença e a antipatia das demais tiravam o sono de Camila. Depois que uma das presas foi assassinada lá dentro, organizou

---

[9] A ideia de Beauvoir foi aplicada originalmente ao caso penitenciário pela pesquisadora da Universidade de Brasília (UnB) Maria Auxiliadora César, no livro *Exílio da vida: o cotidiano de mulheres presidiárias* (Editora Thesaurus, 1996).

turnos noturnos com a colega Suzi, para ter certeza de que ninguém as degolaria durante os sonhos.

— Aos poucos, fui descobrindo que não era assim, que existem regras lá dentro. Não foi difícil me encaixar nas regras, porque a educação nossa vem de casa. Mas lá dentro, sempre tem uma ou outra que não gosta de você, não dá para agradar todo mundo, afinal, e tem que ficar sempre duvidando do que a pessoa pode fazer.

E o que elas mais faziam era desligar o chuveiro enquanto Camila tomava banho. Principalmente uma presa chamada Esmeralda, com quem teve muita história mais tarde. Hoje, quando conta o caso, Camila chora sentida.

— Elas achavam que eu tinha que sofrer porque, graças a Deus, vim de uma família boa, de uma vida boa — soluça.

Mais tarde, o jeito solícito de Camila e suas doações generosas para as mais pobres e abandonadas pela família iriam lhe render o respeito das parceiras da "Sede Favelão X", apelido da cela onde Camila vivia. Mas isso levou mais de dois meses.

Quando suas visitas foram finalmente liberadas, a primeira coisa que Camila disse a Ronaldo foi:

— Pai, me ensina a arrumar o chuveiro?

E foi arrumando um chuveiro que Júlia a conheceu, e elas se tornaram grandes amigas. Até hoje, ela é a arrumadora de chuveiros mais eficiente da penitenciária onde mora.

Índia morena

Bastava raiar o dia para Magnólia e Maria da Glória terem que correr e embiocar Glicéria, de resguardo, moleque no colo e tudo, no meio do mato. A polícia chegava, revirava a aldeia, perguntava para quem fosse onde estava a criminosa. Mas os Tupinambá eram fiéis e o esconderijo de Glicéria no meio da exuberante floresta de Mata Atlântica que circula a aldeia mantinha-se em segredo.

Certa vez, a polícia parou até o ônibus da escola da aldeia, onde Glicéria ensinava. O motorista, sabendo que ia apanhar e seguro de que a polícia não iria ferir as crianças, largou o posto e saiu correndo. Enganou-se. Teve policial entrando no veículo, mirando arma na cara dos pequenos e inquirindo onde estava o danado do condutor e os "bandidos que fingiam que eram índios". O achaque continuou até que um molecote destemido levantou a mãozinha e perguntou:

— Vocês só prendem gente grande ou agora vão prender gente pequena também?

Glicéria vinha enfrentando os ataques de jagunços e policiais durante toda a gestação. O irmão, Rosivaldo Ferreira da Silva, o cacique Babau, já estava preso junto de Gil, outro dos nove irmãos, e a polícia não desistia de descobrir quem eram as novas lideranças daquele povo que tinha inventado de retomar terra. Claro, os policiais não usavam a palavra "retomar". Diziam era que havia uma gangue de bandidos fingidos de índios, que invadia terra produtiva e causava arruaça. Mas os Tupinambá estavam ali primeiro, estavam ali desde antes de haver registro. Quem havia invadido terra de quem, afinal? Glicéria não iria se intimidar. Levava o barrigão para lá e para cá, de Ilhéus a Brasília, tentando cumprir algumas das funções do irmão e ajudar a destravar o processo de demarcação da Terra Indígena. Eru iria nascer Tupinambá, guerreiro como o Encantado de mesmo nome, e iria lutar junto dela desde o ventre.

Dona Maria da Glória, mainha de Glicéria, já tinha examinado o barrigão da filha e anunciado que coisa simples não ia ser:

— Esse moleque vai ter é que nascer de cirurgia!

Fez banhos de ervas para Glicéria, usou de toda a sabedoria que havia aprendido das árvores locais, mas nada empurrou Eru pra saída. O menino virou ao contrário. A moça foi ao hospital num estado de tensão daqueles, mas sempre cheia daquela leveza risonha bem Glicéria. Foi a providência que impediu que ela soubesse que a polícia estava ali de tocaia, contando com a chance de detê-la após o parto. Informado sobre a complicação do caso, porém, o grupo adiou a missão.

Eru nasceu de cesárea, como dona Maria havia antevisto. Mas era saudável e lindo. Como era bonito aquele moleque! Glicéria ficou apaixonada pelo garotinho e tentou colocar o nome dele de Eru Tupinambá, dois nomes fortes para um homenzinho que tinha nascido precisando mesmo é de força antes de tudo. O cartório não deixou. Alegou que Tupinambá não era nome de gente, só de etnia, e que a mãe ia ter que arrumar "um sobrenome decente" para ele.

Os primeiros dias de vida de Eru foram vividos à beira da roça de cacau, escondido da perseguição policial à sua mãe. Glicéria se encafurnava meio contrariada. Bastou receber o convite para uma audiência com o então presidente Lula, em Brasília, para decidir se expor de novo. Tupinambá era povo que enfrentava as adversidades, ela dizia para si.

Agarrou Eru no colo e enfrentou duas horas e meia de estrada de terra e mais outras duas de avião para dar seu depoimento na capital. Tinha que contar ao presidente que seu povo estava sendo torturado, desaparecido, preso injustamente e cravado de balas. Glicéria tem a lembrança vívida da emoção nos olhos de Lula ao ouvir seu relato. Ele até pediu uma foto com ela e com Eru ao final da reunião, que ela guarda até hoje.

Naquela noite, contudo, ao chegar ao hotel, Glicéria teve um sono atormentado por pesadelos. Mãos de pessoas invisíveis tentavam agarrá-la e ela corria e fugia sem chegar a lugar algum. Acordou com a certeza de que seria presa ao desembarcar na Bahia. E, se não tinha jeito, ia ser presa mesmo.

— Vamos enfrentar — cochichou para Eru.

No aeroporto de Ilhéus, teve a certeza de que fora avisada em sonhos quando a aeromoça pediu que ela saísse do voo antes dos demais passageiros. Policiais se aproximaram dela e pediram que se identificasse. Não havia mato para o qual fugir e se esconder desta vez. Serena, disse:

— Sou Glicéria de Jesus, Glicéria Tupinambá.

— A senhora pode me acompanhar, por favor?

— Vocês estão me prendendo?

— Não. Apenas queremos que responda a algumas perguntas.

— Posso, então, ligar para a minha família e avisar aonde estou indo?

— Não, não pode.

— Então vocês estão me prendendo, sim.

Eram ardilosos. Era feriado de Corpus Christi e a Fundação Nacional do Índio (Funai) estava fechada, os ativistas de direitos humanos não estavam trabalhando, ninguém estava na ativa, só eles. Na saída do aeroporto, a moça viu uma cena que só conhecia da televisão. Pelo menos meia dúzia de viaturas enfileiradas estava pronta para escoltá-la.

"Nossa, não sabia que era assim tão perigosa", ela riu para si e pro pequeno Eru, que dormia em seus braços.

Para os fazendeiros baianos, Glicéria representa, sem dúvida, uma ameaça. Irmã do cacique Babau e liderança respeitada em uma das aldeias mais combativas da Bahia, Glicéria lutava para que o Estado brasileiro concluísse o processo de demarcação de cerca de 47 mil hectares em trechos dos municípios de Buerarema, Ilhéus e Una que a Funai havia reconhecido como Terra Indígena Tupinambá de Olivença.

Os Tupinambá estavam naquela região desde antes do Brasil ter esse nome. Quem duvida dos belos relatos que passam de pai para filho na aldeia pode consultar os arquivos do homem branco. Documentos do tempo da colonização comprovam que eles estavam ali, sendo perseguidos e escravizados pelos portugueses. Documentos da época dos jesuítas comprovam que estavam ali, sendo atocaiados, separados e privados de sua cultura e modo de vida. Documentos da era do cacau comprovam que eles estavam ali, sendo assassinados por jagunços e coronéis interessados em suas terras férteis, que não estavam à venda. Documentos recentes comprovam que estão ali, sendo torturados e presos, mas tomando de volta a terra que deles foi tirada.

Haviam começado a se reorganizar após a queda dos coronéis do cacau, que viram os frutos de sua plantação morrer com a praga vassoura-de-bruxa, ao final dos anos 1980. Algumas batalhas foram travadas, mas só na última década os Tupinambá começaram a retomada de seu território original. Insuflados por uma profecia que previa um futuro "retorno da terra", eles começaram a convocar seu povo espalhado pelos cantos da Bahia e até de outros estados, que atendeu ao chamado. Iriam ser um de novo. E dar trabalho aos donos do poder baiano.

No carro, os policiais foram provocando Glicéria.

— Índio só existe no Amazonas, você não é índia nada!

— É índia, é?! Com essa cara de cabocla, de negra?

— Se é índia, fala com a gente na língua do teu povo!

Em silêncio, ela amargava as respostas. Não falava tupi porque os não índios haviam impedido que o idioma sobrevivesse através das gerações. Porque tinham tentado "pacificar" e "civilizar" o seu povo durante séculos, usando todo tipo de atrocidades, da catequização à violência física — e, em alguns casos, não fizeram sequer esforços para acobertar os crimes. O próprio Mem de Sá, governador-geral do Brasil, relatou que, após uma batalha em 1559, os corpos de indígenas assassinados enfileirados numa praia da região ocupavam cerca de 1 légua.[10]

Ah, e tinha a velha história da cor! Na terra de Jorge Amado, a aparência dos Tupinambá tem sido usada como argumento para desqualificar a sua luta e questionar sua identidade. Ao olhar esses índios com a cor de Gabriela, a população recorre à explicação simplista de que não são indígenas porque não parecem ser. Acontece que alguns exploradores daquelas terras foram, de certo modo, absorvidos pelas comunidades tupinambá através dos casamentos.

---

[10] A história dos Tupinambá de Olivença, que aqui conto superficialmente, é relatada em detalhes (e com sabor) pela pesquisadora Daniela Fernandes Alarcon, na dissertação de mestrado *O retorno da terra: as retomadas na aldeia Tupinambá da Serra do Padeiro* (Universidade de Brasília, 2013).

Assim, foram se chegando brancos e negros e mesclando as cores de pele até que Glicéria nascesse trigueira.

Há também quem afirme que índio que é índio não usa antibiótico, assiste televisão ou vai à escola. Se há uma religião, uma cultura e um laço comunitário que os liga à identidade de seu povo, não importa. Na cabeça dessa gente, índio que é índio deve viver como na época em que Pedro Álvares Cabral desembarcou aqui: deixar filho morrer de gripe, não fazer troca cultural e nem usufruir dos benefícios da ciência de outros povos.

Os Tupinambá viviam sobre uma terra fértil e bela, atrativo para ambiciosos da agricultura e do turismo. Enfrentavam argumentos falsos que colocavam em xeque sua identidade. Curioso: a sociedade baiana parecia ter mais disposição para acreditar na versão de fazendeiros que já foram surpreendidos fazendo uso de trabalho escravo e cometendo crimes ambientais do que na deles. E, agora, eles enfrentavam ainda a criminalização de suas lideranças.

Na delegacia, Glicéria descobriu do que era acusada. Tudo começara quando o programa Luz para Todos chegou à região e a empresa licitada para fazer a instalação da rede se recusara a instalar o benefício nas residências indígenas. Como protesto, membros da aldeia de Glicéria haviam tomado um dos caminhões da companhia e esconderam-no, com a promessa de devolvê-lo quando cada família indígena da região também tivesse luz. Luz para TODOS. Glicéria, naturalmente, estava em um estágio avançado demais da gravidez para fazer parte deste tipo de ação e, além do mais, nunca havia sequer aprendido a dirigir, muito menos caminhão. Mas, aparentemente, ela também era parte da "gangue de invasores e vândalos" liderada por Babau. Trocando Eru de um peito para o outro, ela tentou explicar que o caminhão estava muito bem guardado e aquilo não era roubo, era luta. Repetiu que não havia gangue nenhuma e não poderia ser invasora de terras que, por direito reconhecido pela Funai, eram de seu povo.

— Quem é o novo cacique da comunidade?

— Não tem novo cacique, Babau é nosso cacique. Cacique só serve é para tomar processo. Querem prender toda a família para ver se conseguem enfraquecer a comunidade? Se deram mal. A comunidade da gente não é uma pessoa. Não é uma pessoa que faz retomada, é todo mundo, a criança desde pequena já é guerreira.

O homem olhou para ela com um tédio terrível e lhe entregou um papel cheio de acusações.

— Sabe do quê?! Quer me prender de qualquer jeito? Manda aqui que vou assinar essa porcaria!

Logo após marcar o papel com seu nome, tentaram tomar Eru de suas mãos. Ela esperneou pelo direito de amamentar o seu menino, que não tinha nem dois meses de vida, e disse que só largava ele depois de morta. A polícia isolou, então, os dois numa cela escura e malcheirosa, onde eles se deitaram no chão e foram comidos por mosquitos a noite inteira. E o pior, pensou Glicéria no escuro, estava ainda por vir. E o coração dela apertou de medo por Eru.

Carolina, que sempre foi mãe de uma garotinha

Carolina nasceu com a maternidade embutida. Não que fosse o tipo de mulher treinada para ser esposa e mãe. Longe disso. Era criança cheia de desafios e diabruras, bem pouco afeita a "regras da boa feminilidade". Mas era natural para ela ninar bonecas. Era adolescente ingovernável, namoradeira e trabalhadeira, mas quando descobria o próprio corpo e tocava sua barriga, visualizava sua filhinha crescendo ali. E era uma menina.

Recebeu com alegria, mas com certa estranheza, o nascimento de seus dois primeiros filhos. Faltava alguém para vir, ela sabia, em silêncio.

O marido era traficante. Ganhava bem, às vezes 20 mil reais em uma única semana. Carolina não queria ser criminosa, mas gostava do dinheiro e do que ele trazia consigo, é claro. Usava-o para dar uma boa vida para si e para os filhos, mas tentava manter-se ocupada na tarefa de gastá-lo e bem longe dos pacotes do esposo.

Com o tempo, o comércio de drogas familiar foi ganhando naturalidade para ela. Às vezes, aparecia um ou outro moleque na porta de casa querendo deixar uns trocados para que ela entregasse ao marido. Não via nenhum problema em receber. Depois, começou a anotar e passar recados sobre quem pagava e de que dívida se tratava. Mais tarde, estava inteirada de quem devia o quê e em que dias entregaria o montante. Foi entrando no tráfico assim, pelas beiradas.

Quando a polícia encontrou a boca deles, não importava quem entregava a droga e quem recebia o pagamento, todo mundo era traficante. Carolina acabou presa com o marido, achando que fora injustiçada. Viu os filhos serem repartidos entre a mãe e a sogra. Doeu.

Na cela apertada e úmida de seus primeiros dias de sentença, passava noites em claro, remoendo-se em arrependimento, jurando a si mesma que nunca mais veria o homem que a atraiu para essas condições. Chorava além do normal e, às vezes, chegava a ter crises de vômito.

Foi uma colega de cela quem primeiro sugeriu: esses sintomas têm mais cara de gravidez do que de depressão. E era. Estava grávida.

"O que faz uma mulher que acaba de ser presa com um filho de outro condenado na barriga? Tem condição mais errada para uma criança se formar, meu Deus do céu!?"

Esqueceu os infortúnios paulatinamente conforme a barriga avolumava — e com ela crescia a certeza de que vinha sua menininha, aquela que sempre desejou. Pediu à mãe que pagasse um ultrassom, queria saber logo se estava correta. Aos três meses, Socorro juntou algum dinheiro e custeou o exame. O teste, porém, nunca foi feito.

A surpresa veio mesmo na hora do parto, quando a doutora meteu a pequena vagina diante dos olhos da mãe e Carolina começou a soluçar de alegria. Chegava Maria, sua Maria. A pequenina era bela e saudável, mas a mãe estava abaixo do peso. Foram as duas transferidas para uma ala melhorada do presídio e uma sopa extra foi receitada a Carolina, que seguiu sem comer nem sopa nem refeição padrão, por nojo.

Todos se afeiçoavam à sua Maria. Presas, carcereiros, diretores. A menina era sorridente, iluminada, transformava a derrota em empate. Era a lucidez em uma vida de loucuras.

Mas chegava enfim, após seis meses de amamentação, a hora da despedida. Na última semana em que viveu com Maria, Carolina se tornou lúgubre. Comia ainda menos, dormia picadinhos. Ia perder seu tesourinho.

Depois que Socorro pegou a guarda da neta, levou-a para visitar a mãe uma única vez. Não aguentou ver a miudinha passar pela humilhação de ficar nua para ser revistada por estranhos, como se fosse uma pequena transgressora. Carolina só verá a filha de novo quando sair da cadeia. Não quer mais que Maria pague pena junto com ela. Enquanto isso, os dias passam tardios, em constante atraso.

Filhos do cárcere

Grades e jaulas fazem parte do pequeno mundo de Cássia, são tudo o que ela conhece. Sua mãe, Francisca, foi detida ainda grávida, no Rio Grande do Sul, e deu à luz na Penitenciária Estadual Feminina de Guaíba. Cássia nasceu presa, como centenas de outros bebês brasileiros.

A unidade materno-infantil na qual ela vive é uma graça, apesar de tudo. Sorte que a maioria dos outros filhos do cárcere não tem. As paredes são pintadas com borboletas e letrinhas, há livros e brinquedos pedagógicos. Cássia tem um bercinho bonito só para si, passa quase o dia todo com a pessoa que mais ama no mundo, sua mãe. Toda semana vem um pediatra checar se ela está se desenvolvendo com saúde, ela toma todas as vacinas em dia e, no pátio, através dos furos das grades, ela consegue tomar banhos de sol.

Até pouco tempo, porém, Francisca se preocupava com sua filhinha. Cássia era uma menina arredia, distante, que chorava muito e não gostava de interagir com ninguém. Sua existência era limitada àqueles poucos metros quadrados e ela não conhecia a própria família.

Francisca era tão pobre que não conseguiu contatar os parentes quando foi apreendida. Sabia onde eles moravam, mas lá não chegava correio e não havia telefone. Ela nunca recebera uma visita e nem tinha certeza de que a família sabia que tinha tido uma filha.

* * *

Dez meses depois, finalmente, a direção do presídio resolveu colaborar para que ela entrasse em contato com os parentes. A pequena Cássia, então, conseguiu sair em seu primeiro passeio com a avó. Conheceu os irmãos, a família, parques e ruas. Ficou fora por uma semana inteira.

A mãe, que não aguentava mais de saudades, ficou boquiaberta com a filha que recebeu de volta. Agora, Cássia pede colo para as outras presas e carcereiras, aprendeu a bater palminhas e sorri de maneira gratuita e espontânea. Aquela criança tímida e rígida estava socializada.

Viver os primeiros meses de vida numa prisão certamente não é o ideal, mas é menos maléfico do que ser separado da mãe ao nascer. O dilema foi considerado por muitos especialistas. Ao final, psicólogos, pediatras e assistentes sociais concluíram que era melhor nascer preso do que nascer sem mãe. A lei brasileira garantiu, então, que ao menos os seis primeiros meses do bebê fossem vividos juntos dela, durante os quais ele seria amamentado.

Cristina Magadan, uma psicóloga vivaz e inteligente do presídio em que Cássia nasceu, me explicou certa vez:

— Nos primeiros meses de vida, a relação do bebê com a mãe é simbiótica. E durante todo o primeiro ano de vida, continua indispensável. Claro, eles perdem muito em conhecimento de mundo quando não têm familiares que podem levá-los para passear, mas, em geral, vemos que a convivência com a mãe ajuda esses bebês a serem relativamente calmos e saudáveis.

A dificuldade está em não estender a pena da mãe à criança — uma medida difícil de atingir. O último levantamento do Ministério da Justiça mostrava que 166 crianças viviam no sistema prisional no país. Destas, só 62 estavam em locais dignos como Cássia. As demais moravam em presídios mistos, com pouca ou nenhuma adaptação para recebê-las. Cadeias de homens e mulheres ainda predominam fora das capitais e, quando nascem em locais assim, as crianças vivem em celas superlotadas, úmidas e malcheirosas, chegando até mesmo a dormir no chão com as mães. Apiedadas pelos filhos, muitas presas preferem devolvê-los à família ou entregar para adoção a vê-los vivendo em tais condições.

Recentemente, alguns ativistas têm sugerido que as mães de bebês até um ano fiquem em prisão domiciliar, com tornozeleiras eletrônicas, enquanto amamentam. Assim, a criança vive em um ambiente mais saudável, não perde em vivência familiar e pode ser levada a passeio por parentes e vizinhos com mais facilidade. Ao fim do período, a mãe voltaria a cumprir pena em regime fechado, se assim determinasse sua sentença.

Uma preocupação, porém, é a de que este tipo de benefício levasse as presas a engravidar propositalmente. Cristina ri da suposição.

— O que vejo aqui são mulheres abandonadas que nem conseguem visita íntima, iam engravidar como?

Por mais que sejam desejadas e amadas pelas mães, essas crianças enfrentam, desde antes de nascer, um ódio social doloroso que se materializa na violência policial. São inúmeros os estudos que indicam que aspectos psicológicos, emocionais e sociais da criança começam a se delinear dentro da barriga da mãe. Por isso, é imensurável a profundidade dos traumas com que esses bebês nascem. Lembro-me de uma visita à Unidade Materno-Infantil de Ananindeua, no Pará, quando conversava com cerca de vinte mães com seus bebês no colo. Perguntei quem ali havia sido presa grávida e sofrido algum tipo de tortura. A metade delas levantou a mão — e algumas riram um riso amargo.

— Bater em grávida é algo normal para a polícia — respondeu Aline. — Eu apanhei horrores e tava grávida de seis meses. Um polícia pegou uma ripa e ficou batendo na minha barriga. Nem sei qual foi a intenção desse doido, se era matar o bebê ou eu. A casa penal me mandou pro IML para fazer corpo delito, mas não deu nada.

Relatos de outras presas confirmaram o que disse Aline. Michelle, já de barrigão protuberante, apanhou de uma escrivã, outra mulher. Na hora da detenção, Mônica recebeu socos de um policial, que disse que filho de bandida tinha que morrer antes de nascer.

Já Tamyris foi presa com Luca no colo, aos três meses e meio. Com ela, no aeroporto, foi apanhado mais um traficante. Na viatura meteram os três e distribuíram porrada sem discriminar em quem. Sobrou até para o pequeno Luca, que foi acertado na lateral do olho, que sangrou e inchou. Ele não entendia por que havia apanhado, só chorava desconsoladamente no colo da mãe, como quem pergunta "mamãe, por que deixou isso acontecer comigo?". Tamyris, que tinha apenas 20 anos à época, quase definhou de culpa.

Dez meses mais tarde, já morador da Unidade Materno-Infantil, Luca foi cuidado por Mara Botelho, uma pediatra alegre e glamorosa que merece um capítulo à parte. Sua maior preocupação com o pequenino não estava em sua alimentação, sua saúde ou nas alergias que tinha de vez em quando, mas em seu estado emocional. Luca não sorria. Mara brincava com ele no consultório, fazia caretas e barulhinhos bobos. Nada atraía a simpatia do garoto.

Por pouco Tamyris não perdeu a guarda do filho. Poucos dias antes que ele completasse um ano e fosse enviado à família ou a um abrigo, porém, ela foi julgada e transferida para prisão domiciliar com Luca, em Goiás. Mara ficou exultante. Com Nazaré, finalmente, organizou uma festa de despedida e de aniversário de um ano para Luca e chorou de alegria quando o viu partir, na esperança de que, com o tempo, ele voltaria a sorrir.

Tortura

— Eu morava no Tibutinho da Lapa, e a polícia fechou a Lapa todinha. Fechou tudo. Eu só não morri porque saí com a minha filha pequena no colo. Mas eu vi a luzinha da arma na minha cabeça. Eu vi. Nós alugamos uma casa, uma mansão linda, ninguém imaginava que ali tinha coisa de errado acontecendo. Nós nunca ligamos pra ninguém da região da Lapa, nunca, nem pra família nem pra nada. O telefone usado foi jogado fora. Carro foi dispensado, tudo. Nós só foi preso oito dias depois que nós soltô a vítima.

— Mas como a polícia descobriu, Vera?

— Foi por causa de um rapaz que estudava com ela, e era primo do meu cunhado, que deu a menina pra nós. Ele levou, na época, 20 mil reais. Quando nós soltô a menina, ele ficou com dó e dedurou. Acho que foi porque foi cortada as duas orelha dela... Quando cheguei na delegacia, apanhei muuuuuuuuuito. A gente ficou separado. O meu irmão mesmo ficou desmaiado que nem um bicho panda, foi pro hospital e tudo. A minha irmã levou choque no bico do peito — é que minha irmã era muito boca dura. Eles dava choque pra ver se ela contava alguma coisa e ela respondia pra se vingar. Eu, eles colocava com a cabeça na descarga, na privada cheia de xixi.

Bateram muito de um lado, quebraram os dentes da frente e tudo. Ixi! Apanhei muito. Nós ficou dois dias no Deic [Departamento Estadual de Investigações Criminais] sem comer, sem beber água, só pau. Pau mesmo, do feio.

— E não deixaram marcas para você fazer queixa depois?

— A gente faz, mas a polícia tende a ficar com a polícia, não adianta. Fui no IML pra fazer corpo de delito quando eu fui pro presídio, mas eles nunca põem lá no papel o que você tem mesmo. Eu tinha hematoma pra todo lado, não tava conseguindo andar de tanto chute que tomei na perna, ela tava toda roxa, não sei como não quebraram. Esse negócio de apanhar depende de quem pega. O Deic bate muito. Batem sem dó, não importa se é homi ou se é muié. A militar, às vezes, já é mais ponderada, ao menos sabe não deixar marca. Tem uns que é muito folgado, mesmo que não tem mais ninguém com você, eles quer que você põe alguém junto. E te mete porrada até você colocar.

Fuga

Ela via mil maneiras de o plano falhar. Pensou no risco, olhou para a barriga, já inchada aos cinco meses. Refletiu:

"Ele faz coisa errada, mas mantém eu, meu filho, paga o aluguel, as conta. Ele tem muita encrenca com a polícia e vai ficar preso um montão. É, Michelle: é tudo ou nada."

Organizou a sacola com um celular, um carregador e uma serra Subiu no vaso sanitário, pensou na amiga que vigiava lá fora.

"Seja o que Deus quiser."

E jogou o kit fuga pela grade da delegacia.

Fugir era uma ideia recorrente para Michelle. Mostrou-se a solução adequada em mais de uma situação, afinal.

A garota perdeu a mãe logo na infância. O pai não demorou a arrumar outra esposa, mas na pobreza em que viviam na periferia de Belém, carinho, dela ou dele, era luxo. Os dois passavam horas exageradas trabalhando; os irmãos, rapidamente, se envolveram com drogas. Fugiram à sua maneira, ela entendeu. Achou também uma maneira de escapar daquela rotina que ninguém merece. Ela era de se apegar no que podia. Um grupo de amigas de rua se transformou em uma tatuagem grande, no antebraço. Outros afetos foram virando novos rabiscos pelo corpo. E, antes mesmo de completar 16 anos, foi morar com seu amor de menina, César, e a família dele.

Michelle nunca foi o tipo ingênuo. Sabia bem que o namorado era ladrão de profissão e aquilo pouco lhe importava. Primeiro, porque seus demais partidos não eram muito melhores; depois, porque gostava dele mesmo e pronto.

O relacionamento com César não era fácil. Ele exercia sobre algumas mulheres a fascinação dos malandros, dos destemidos e do poder que vem da falta de limites. Michelle mesma não saberia dizer até que ponto esse efeito influenciava o seu amor.

Certa vez, uma dessas pretendentes enlouquecidas a esfaqueou. As duas brigaram pesado e saíram com furos pelo corpo, mas vivas. As adolescentes foram levadas à delegacia e recebidas por Carlos, o delegado de plantão.

Enquanto a rival era interrogada, Michelle esperou, sozinha, numa sala lateral. A inimiga contava com a proteção da mãe no cômodo ao lado; ela estava sozinha. O nervosismo e a sensação de abandono subiram do estômago até a garganta. Ela tentou segurar o fluido com as mãos, mas o medo estourou em vômito em cima de seus braços. Foi quando ela percebeu que o líquido viscoso deixava as algemas escorregadias e permitia que ela deslizasse as mãozinhas miúdas e o pulso fino por entre elas. Fugiu.

Carlos quase perdeu o emprego por causa da adolescente intransigente.

Michelle nunca pôde se acomodar por muito tempo em um lugar. César foi preso pouco depois e ela, que era menor de idade, foi impedida de visitá-lo na cadeia. A princípio, ia até a portaria da penitenciária para entregar cartas e alguns mimos. Com o tempo, porém, o romance esfriou e acabou.

Michelle saiu da casa da mãe do rapaz, procurou novos amores. Mal instruída, engravidou bem jovem, assim, à toa. Sem ter lugar fixo onde morar, teve que deixar que o menino fosse viver com o pai. Alguns anos depois, engravidou de outro homem. Este morreu antes mesmo que a criança nascesse. Foi assim que César a encontrou quando saiu da cadeia em indulto. Enfureceu-se ao imaginá-la nos braços de outros homens, mas não podia se afastar, deixá-la assim, desamparada. Fugiu da prisão, registrou o bebê, deu uma casa pros dois.

Tirando os assaltos corriqueiros em que César se envolvia para sustentá-los, eles eram quase uma família comum. Luan cresceu chamando a César de pai e sendo amado genuinamente por ele. Michelle atingiu a maioridade e os dois decidiram que era hora de terem um filho juntos. Michelle tinha 20 anos quando engravidou conscientemente pela primeira vez.

Seu caçula já tinha 2 anos e seria um ótimo irmão mais velho. Quando estava com cinco meses, ela e César decidiram que queriam saber o sexo do bebê. Marcaram uma consulta para dali a poucos dias e César foi viajar "a trabalho". Às vésperas do dia marcado, contudo, ele não havia retornado. Não parecia típico dele esquecer um compromisso. Não parecia e não era.

Ao descobrir que o marido estava preso, Michelle juntou todo o dinheiro que tinha, chamou uma amiga e pegou uma carona até a delegacia. Só conseguiu chegar depois da meia-noite.

Foi com a intenção de fazer um "acerto" com a polícia, mas chegou tarde. O flagrante já estava registrado oficialmente. Pensou em todos os crimes pelos quais ele tinha que pagar. Onde ia ficar com Luan? O que seria de seu bebê? Entrou em desespero.

Abordou um viciado na rua e lhe ofereceu 20 reais por uma serra. O moleque foi eficiente no serviço. Às duas da manhã, ela estava com o kit fuga preparado em uma sacola.

Pediu aos carcereiros para usar o banheiro antes de voltar à sua cidade. E aqui encontramos ela novamente, sobre o vaso sanitário da delegacia, jogando uma sacola de itens proibidos por entre as grades. A linha com que ela descera os apetrechos arrebentou a meio caminho e os objetos fizeram um estrondo ao se chocar contra o chão. Um policial correu até a cela para reter o pacote, outro arrombou a porta do banheiro. Ela foi detida e levada até o delegado.

Nesta parte da história, ela me pôs imaginando uma cena de filme de suspense. Um homem olhando para a janela, de costas para ela, se vira lentamente, alimentando o mistério. Seu rosto se revela: é Carlos, o delegado que quase perdera a carreira por sua culpa há alguns anos.

— Pensas que eu não sei quem tu és, sua vagabunda?
— Vagabunda é a mãe do senhor.
— Leva essa menina daqui!

O policial, um homem de aspecto bondoso, com trejeitos afeminados, a conduziu até a cela e deixou o expediente. Ela tentou dormir no chão frio.

A manhã seguinte chegou com a imprensa e ela foi conduzida até a sala onde os objetos apreendidos seriam registrados pela equipe de televisão. Junto ao celular e à serra, seis pacotes de cocaína.

— Quer dizer, acho que era cocaína, mas não sei dizer se era pó ou pasta. Lembro que tinha seis peteca em cima da mesa. Falei pro repórter que a droga não era minha, só o resto. Ele nem deu atenção.

Terminada a entrevista com o delegado, o cinegrafista foi filmar o rosto de Michelle. Ela o empurrou, cuspiu na cara do repórter, ergueu as pernas acima do nível que parece possível para uma gestante e chutou as petecas de cima da mesa. Ninguém lhe deu ouvidos.

— Já tava ali com a atormentação: na minha cabeça só vinha meu filho, lá fora, sem mim. Meu pai e minha madrasta saindo para trabalhar muito e meus dois irmãos usando droga. Fiquei pensando no meu filho crescendo vendo aquelas coisa.

Passou mais dois dias na celinha apertada até que fosse chamada pela escrivã local. A mulher a olhou com desprezo e começou a recitar os crimes pelos quais estava sendo acusada. Michelle a interrompeu, alegou inocência. A mulher retrucou, enérgica:

— Cala a boca, vagabunda!

— Vagabunda é a senhora!

Os olhos da escrivã pareciam os do capiroto. Ela pediu que o policial segurasse Michelle encurvada e encheu suas costas de socos firmes.

A caminho da cela, abalada e ferida, ela cruzou com o policial afeminado que a havia apreendido. Ele baixou a cabeça, envergonhado. Como consequência do nervosismo e da agressão, ela começou a sangrar. Meu Deus, ia perder seu bebê, o bebê que queria tanto. Gritou implorando por ajuda, ninguém acreditou que estava com problemas.

Como medida desesperada, passou um pedaço de papel higiênico na vagina e jogou pelas grades, escorrendo sangue:

— Acreditam em mim agora?

Em pouco tempo organizaram sua transferência para a Unidade Materno-Infantil. Antes de ela ir, o policial afeminado entrou em sua cela. Levou uma pequena merenda e pedidos de desculpas.

— Eles bateram em ti e tu és gestante. Se eu soubesse que tudo isso iria acontecer, não teria te detido, teria te deixado ir naquela noite. Me perdoe — ele estava quase chorando.

— Só o senhor, além de Deus, pode me tirar daqui. Só o senhor pode dizer que o pacote que pegou não tinha droga.

— Você não entende, moça, eu perco meu emprego. Me perdoa, me perdoa.

— Tu tens que pedir perdão é pra Deus, não pra mim.

Antes de sair da cela, ele pediu perdão mais uma vez. Na hora de assinar a denúncia, ele sacudiu a cabeça:

— Não quero fazer parte disso.

Mas também não evitou que ela fosse acusada injustamente.

Quando conheci Michelle, um mês depois, na UMI, ela estava abatida, tristonha e só sabia falar dos filhos que estavam lá fora. Estava atormentada pela ausência de notícias, ninguém tinha aparecido até agora.

Nutria esperanças de receber uma carta do marido ou do pai com novidades sobre as crianças e ainda acreditava que o bondoso policial afeminado ia tomar coragem, aparecer no dia do julgamento declarando sua inocência. Não tive coragem de contar para ela que aquilo não iria acontecer.

Sabia agora que esperava sua primeira menina. Ainda estava de seis meses, havia tempo até que a pequenina nascesse e completasse 1 ano. Mas o relógio corre rápido quando cada mês a aproxima de perder a guarda de seu bebê. E ela não tinha advogado e nunca havia recebido sequer uma visita da Defensoria Pública. Nem sabia ao certo de que era acusada, se sua agressividade com os repórteres havia entrado como agravante, não tinha ideia de nada.

Alguns dias antes, ela tentara fugir da penitenciária. Fizera um buraco no teto do banheiro, simulando longos banhos durante a madrugada. Nazaré e suas funcionárias desconfiaram das visitas frequentes e demoradas ao toalete e a surpreenderam. O plano mirabolante, desta vez, era escapar pelo teto da UMI, pular o muro externo e ir buscar os filhos.

Frustrada, tudo que conseguiu foi acumular mais agravantes em seu processo.

Enquanto Michelle e eu conversávamos, apareceu na porta do presídio seu tio, irmão da mãe falecida. Provavelmente com pouca instrução e sem acesso à internet, ele veio visitá-la sem consultar os dias em que isso era permitido. Quando foi proibido de entrar pelos guardas, enfiou a cabeça por um buraquinho no muro, disse que estava ali e que ela não se preocupasse, ele voltaria em duas semanas. Ela chorou, gritou, pediu para que a deixassem ao menos abraçá-lo, ele havia vindo de longe, do interior, pegado barco e carona para chegar ali. Os dois carcereiros da portaria ignoraram-na. Ela correu à sala de Nazaré, pediu ajuda. Quando voltou com a ordem da gestora para deixá-lo entrar por quinze minutos, era tarde demais: os guardas já haviam enxotado o homem dali, como se ele também precisasse fugir.

Um presídio com a história do Brasil

A Penitenciária Madre Pelletier, de Porto Alegre, foi a primeira penitenciária feminina do Brasil. O dado curioso não é este, mas sim que ela foi fundada apenas em 1937, e não pelo Estado, mas por freiras da Igreja Católica. Até então, mulheres condenadas do Brasil inteiro cumpriam pena em cadeias mistas, onde frequentemente dividiam celas com homens, eram estupradas pelos detentos e forçadas à prostituição para sobreviver. Depois de muitas denúncias e discussões de penitenciaristas, o Brasil, tardiamente, passou a construir presídios apenas para mulheres, começando pelo Rio Grande do Sul e espalhando-se pelo resto do país.

O processo de criação deste piloto, porém, foi muito longe do ideal. Liderado pela Congregação de Nossa Senhora da Caridade do Bom Pastor, irmandade religiosa fundada em 1835 por Maria Eufrásia Pelletier, com sede em Angers (França), o presídio nasceu com o nome Instituto Feminino de Readaptação Social. Era uma casa destinada a criminosas, mas também a prostitutas, moradoras de rua e mulheres "desajustadas". E "desajustadas", naquela época, podia significar uma série de coisas muito distantes do desajuste. Eram mandadas para lá, por exemplo, mulheres "metidas a ter opinião", moças que se recusavam a casar com os pretendentes escolhidos pelos pais ou até "encalhadas" que, por falta de destreza nas tarefas do lar, tinham dificuldades em arrumar marido.

— Era um processo de "domesticação". Eram mulheres que não cometiam crimes necessariamente, mas que deixavam maridos ou eram rejeitadas pela família — conta Maria José Diniz, assessora de Direitos Humanos da Secretaria de Segurança Pública do governo do Rio Grande do Sul. — Lá, as ensinavam a bordar, cozinhar e depois as mandavam de volta para a sociedade, para arrumar um bom partido para casar.

Quando as mulheres começaram a cometer crimes de verdade e ficou mais difícil manter a segurança, as freiras entregaram o presídio à Secretaria de Justiça, mas se mantiveram na direção por longos e obscuros anos. Durante a ditadura militar, em um pavilhão com quatro celas ao fundo da penitenciária, oculto por um matagal e uma gruta de Nossa Senhora de Fátima, esconderam presas políticas, que eram continuamente torturadas. O fato só foi descoberto em 2012, pelo Comitê de Memória e Verdade do Rio Grande do Sul, que coletou uma série de depoimentos e documentos.

— O Madre Pelletier era uma prisão, mas também um espaço de tortura — diz Ariane Leitão, uma das fundadoras do comitê e então secretária de Políticas para as Mulheres do Rio Grande do Sul. A população gaúcha não sabia, tinha em sua cabeça que tortura só ocorria no Dops (Departamento de Ordem Política e Social) e em uma ou outra casa. Ninguém lembrava que havia mulheres presas e torturadas. Eram invisíveis.

Só em 1981 as irmãs deixaram a administração do presídio para o Estado. Com o passar dos anos, a antiga ala destinada à tortura foi convertida em um centro de brigadistas.

Em 2011, o Rio Grande do Sul enfrentava um aumento de 600% do efetivo carcerário feminino em um intervalo de quinze anos. O Estado decidiu, então, montar a primeira coordenadoria penitenciária da mulher do país. O novo departamento começou a fazer estudos para descobrir quem eram as mulheres detidas no estado. Descobriram uma série de dados curiosos. A começar, só uma penitenciária do RS, a Madre Pelletier, tinha unidade materno-infantil. Isso obrigava presas de diversas partes do Rio Grande do Sul a terem que deixar seus filhos mais velhos para poderem amamentar o caçula em Porto Alegre. E os presídios mistos ainda eram — e são — uma realidade.

— O que eles chamam de presídios mistos são, na verdade, presídios masculinamente mistos — opina Diniz. — Se não tem onde colocar mulheres, as botam no castigo, ou seja, o pior lugar da cadeia. Até a estrutura dos prédios é feita para homens. Os banheiros, por exemplo, são os chamados "bois", ou seja, buracos no chão. Imagine uma grávida se agachando num lugar destes? Num presídio com trezentos homens e dez mulheres, quem você acha que vai trabalhar e estudar? Quem vai ter horário de banho de sol? A minoria? Os espelhos são uma lâmina onde elas se veem completamente deformadas. Imagine passar cinco ou seis anos se vendo assim e sem nunca observar seu corpo inteiro? Como você vai se imaginar?

Não havia exames médicos, o kit de higiene era insuficiente. Outra descoberta interessante: 40% das mulheres eram vítimas de violência doméstica antes de serem encarceradas. Algumas delas, inclusive, eram obrigadas pelo marido a traficar.

Após as pesquisas, o Rio Grande do Sul voltou à vanguarda dos presídios femininos no Brasil. Foi instalado no Madre Pelletier um ambulatório invejável, com ginecologista, nutricionista, dentista, psicóloga, enfermeira e clínico geral. Hoje, cerca de 90% das detentas trabalham ou estudam. Foi criado até mesmo um programa de microcrédito para ajudá-las a começar pequenos negócios para terem uma fonte de renda legal quando saírem em liberdade.

Os pátios foram decorados com pinturas coloridas e brinquedos educativos para que os filhos se distraiam nos dias de visita. Contrariando a moda da terceirização das refeições dos presídios, o que encarece a produção e reduz consideravelmente a qualidade da comida, no Madre Pelletier as próprias internas cozinham umas para as outras — e foi uma refeição simples, mas que eu comi com gosto. Um salão de beleza foi construído para que elas possam fazer cursos e cuidar da aparência, tratando, assim, da autoestima.

A maioria desses programas apenas começou a ser implantado e ainda não há como medir seus resultados, mas a administração do presídio acredita que, com o tempo, verá diminuir a taxa de reincidência.

Naturalmente, a penitenciária ainda tem muitos problemas, como celas abafadas, sujas e sem ventilação, um ambiente dominado por ratos e as horríveis revistas vexatórias. Mas sente-se ali um clima de evolução que, infelizmente, separa o Madre Pelletier, neste momento, da história do resto do Brasil.

Seios de fora

A segunda vez em que vi Safira, tomei um susto bom. Ela estava no Pátio do Colégio, no centro de São Paulo, dando entrevista para alguns repórteres de TV. Serelepe, espontânea e radiante feito uma menininha no primeiro dia da escola. Era dia de desfile. As presas do semiaberto, funcionárias da grife Daspre, da Funap, haviam trabalhado por um mês para que aquilo acontecesse. Desenharam e confeccionaram as peças — que, em sua maioria, eram de um capricho admirável — e desfilaram elas mesmas também. A Safira não. Não sei por que não foi escolhida como modelo e também achei melhor não perguntar. Ela não faria feio na passarela com aqueles cabelos de fogo brilhando no sol do meio-dia de março, meio amarrados em tranças e caindo compridos nas costas. E os olhões espertos mais despertos pelo rímel e pelo brilho delicado nas pálpebras. Tinha desenvoltura também.

Reparei, então, que ela era menor e mais magra do que a imagem que eu tinha formado na minha memória. Entendi mais tarde que eu, na verdade, misturei na minha mente um pouquinho do gênio de Safira à sua figura física — como tinha uma personalidade de fortaleza, automaticamente eu a visualizava como uma mulher forte.

Tinha frescas também as histórias que ela havia contado em nosso último encontro. Narrativas de uma mulher armada sem nada a perder, que não tinha conexão alguma com aquela garota delicada em um desfile.

Depois que Piriquito morreu, o ex-marido de Safira lhe tomou os filhos e mudou-se para longe dela. Se ela queria continuar naquela vida perigosa, as crianças é que não ficariam expostas a isso para se tornar novos Piriquitos. A família rompeu relações. E ela esqueceu o medo de tiro e voltou a assaltar.

Às vezes, antes de sair para os roubos, ela dizia ao seu parceiro:

— Hoje tô indo procurar a minha morte.

— Você tá ficando louca?!

— O que eu tinha que perder eu já perdi.

O tempo e o crime foram deixando-a menos melancólica e teatral, mais apática. Aos poucos, foi sumindo a garota que estourava os pés buscando o corpo do amado no matagal. Ela esqueceu a maternidade — que a tinha levado a roubar, afinal. Não precisava mais de motivação para sair e fazer o que fazia. Aquilo virou parte dela. Arrumou um novo amante, novos parceiros de assalto.

Com sua arma, se vingava do mundo que a fez pobre, que a fez frágil, que a fez mulher. Quem era fraca agora? Quem tinha medo de quem? Quem estava sem escolha? Não era ela. Não era. Nunca mais ia ser.

Uma noite, foi fazer um assalto com o namorado e um amigo, na região de Guarulhos. Quando ouviram a polícia se aproximar, os dois rapazes fugiram com o carro e a deixaram para trás.

Ela ficou ali, despida de poder. Sem veículo de fuga, sem arma. Foi pega. Na delegacia, se recusou a prestar depoimento. Safira não sabia bem falar a palavra "caguetagem" (ou seria *quaquetagem*?).

Não foi capaz de decidir pelo termo correto, mas sabia que não era algo que ela faria. Empertigou-se, buscou coragem e lançou:

— Não vou falar nada, só falo em juízo.

Sorte era uma noção meio estapafúrdia para Safira. Não tinha nascido com muita (era só ver em que família tinha ido parar). Muito menos conheceu o conceito no amor — o primeiro parceiro era um agressor, o segundo, um morto precocemente, e o mais recente a tinha abandonado para a polícia. Talvez por causa disso, Safira nem se surpreendeu quando apareceu, no plantão errado, um policial que a reconheceu. Muita gente chamaria aquilo de azar. Ela não. Aquilo era só a vida como ela a conhecia.

— Ei, peraí, essa aí é a mulher do Piriquito!

Descobriu, então, que já era procurada pela polícia há um ano. Podem insistir no azar, se quiserem, mas, certa feita, Safira assaltou, sem saber, um policial à paisana. Aquilo havia acontecido em outra era, com outra Safira. Uma que ainda era mãe e apaixonada por um jovem de apelido Piriquito. Uma que pensava ter muito a perder com a morte ou o cárcere.

Na ocasião, ela e um parceiro haviam dado voz de assalto ao coxinha, que reagiu e deu um tiro em Safira. A bala rasgou a pele, atravessou o tórax e se alojou a 2 centímetros do coração. Ela não queria morrer, aquela Safira. O parceiro sabia disso. Revidou com outro disparo, mirando a cabeça do sujeito, que era para não errar. Mas a morte estava preguiçosa naquele dia e não foi buscar nem Safira nem o policial.

Ela chegou ao hospital a tempo, alegou ter sido vítima de assalto. Assim que ganhou atendimento mínimo e se aguentou sobre as pernas, fugiu sem receber alta.

— Quem é essa aqui? — o interrogador perguntou, colocando um desenho sobre a mesa.

— Eu não sei quem é, você deve estar enganado.

Não só o policial não tinha morrido, como tinha conservado sua memória de elefante. O retrato falado tinha cada detalhe que ela chegou até a suspeitar que a cabeça começou a funcionar melhor depois que o corpo paralisou e ele ficou paraplégico. A mulher no desenho tinha o mesmo cabelo jogado de lado que ela usava na época, a mesma roupa do assalto. Os olhos grandes, o rosto fino. Tudo.

Safira sabia que não adiantava negar mais, mas negou mesmo assim. Nos olhos do inquiridor encarou, então, toda a fúria do Estado — e não há nada que enfureça tanto o Estado quanto a violência contra policiais.

"Vou apanhar até as coisa melhorar...", previu, sentindo o estômago embrulhar.

O delegado, parecendo adivinhar o que ela pensava, se aproximou e, a uma distância em que ela podia sentir o calor do seu hálito, disse:

— Eu vou derrubar sua casa, loira, você vai ver.

A ameaça a assombrou por uma semana. Talvez a expectativa fosse parte da tortura. Passado esse tempo, porém, o delegado estava pronto para sua vingança. Mandou abrir a "gaiola" e, com um sorriso satisfeito, apontou dois homens:

— Olha aqueles dois ali e vê se você conhece — disse.

Eram os dois rapazes que a haviam abandonado para ser presa.

— Tá vendo seus amigos? Cada tapa que eu dei neles foi uma caguetada que eles deram. E puseram tudo nas suas costas.

Levou-a para sua sala e apresentou uma pilha com trinta artigos 157 [assalto à mão armada] para que ela assinasse.

— Eu não vou assinar nada. Eu vou responder pelo que fui presa. Tem coisa aí que nem ouvi falar!

Tomou mais pancada.

— Você vai me matar aqui dentro da sua delegacia, porque eu não vou assinar.

No dia seguinte, chamaram-na de novo para interrogatório e ela se negou a ir. Sabia o que a esperava no tal "interrogatório". Disse que só sairia de sua cela no dia da audiência.

Esperou feito bicho acuado até que chegasse a intimação para que ela comparecesse ao fórum. Arrumou-se. Quando chegou do lado de fora da delegacia viu dois policiais parados na frente de um Corsa.

— Ué, mas eu não vou de viatura?

— Cala a boca!

Meteram-na no carro. Pegaram a Dutra, depois a Marginal.

A intimação era falsa. Só podia ser. E ela pensava: "Meu Deus, meu Deus! Esse povo agora vai me desovar, vai matar e jogar por aí. No dia que eu fui presa eles falaram que iam me matar, iam me largar naquele lugar que chamavam de Cachoeira da Macumba. Vou morrer que nem galinha preta."

O carro parou quando chegaram em um Distrito Policial de Osasco. Foi então que Safira descobriu que o homem em quem tinham atirado era um investigador do Garra (Grupo Armado de Repressão a Roubos). E o Garra queria o rapaz que havia disparado.

Das sete da manhã às sete da noite seu corpo não teve descanso. Ela foi algemada em uma cadeira com rodinhas, mãos para trás. A cada pergunta não respondida, ganhava um soco na boca do estômago e, quando tentava se recuperar, buscando o ar, recebia um saco plástico preto no rosto. Rasgaram sua blusa, deixando os seios de fora.

Ela estava convicta de que iam estuprá-la. O pensamento girava e girava na sua cabeça e ela começou a preparar o corpo praquilo. Começou a reza. No lugar, porém, vieram mais socos, mais sacos pretos, vômitos de puro sangue. E nenhum hematoma — esses sabiam das coisas. Já estava desfalecendo, aceitando a morte como consolo quando desistiram.

Safira havia vencido, mesmo que de um jeito deveras distorcido. Não falou o que queriam ouvir e não assinou nenhum crime que não tivesse de fato cometido. No fim do dia, quando a deixaram no presídio, disseram:

— Você pode ficar dez anos na cadeia, vinte. Na hora que você sair, a gente vai tá te esperando na porta.

Há dois anos, eles foram à casa de Safira conferir se ela já estava em liberdade.

Seios de pedra

Glicéria tentou amamentar até que o choro de Eru ficou tão potente quanto o dela. O leite havia empedrado e do peito saía tanto pus que dava medo de alimentar o menino com porcaria. Enxugou o suor febril da testa e quase desistiu. Se mainha estivesse ali, ia saber um chá, um banho de ervas para resolver o problema, mas ela não estava. No lugar dela estavam nove desconhecidas, criminosas de tipos que faziam Glicéria tremer. Ameaçavam lhe furar o bucho no pátio se aquelas visitas do pessoal de direitos humanos à cela continuassem atrapalhando seus negócios de tráfico de drogas no presídio.

No cubículo do Conjunto Penal de Jequié, no sudoeste da Bahia, cabiam seis mulheres, mas a polícia havia insistido em meter dez. Por isso, nas duas primeiras noites, Glicéria e Eru dormiram no chão frio, até que uma das detentas antigas se apiedou e cedeu a jega aos dois. Ali não tinha berçário — era um presídio misto de homens e mulheres e, onde há os dois sexos misturados, a preferência é sempre masculina. Para elas e seus bebês, sobrava o espaço improvisado. Estava longe de sua aldeia. Longe demais.

— Comecei a ter várias sonhações com as coisas que aconteciam na comunidade, com meu irmão (cacique Babau), de quem não sabia notícia — conta Glicéria. — As pessoas me visitavam, eu fazia um montão de perguntas, mas elas não queriam me dizer a verdade. Nos sonhos, via painho e mainha doentes. Sabia que alguém tava mal e não me contavam quem. Era Magnólia, minha irmã, que estava com pedra no fígado e não podia ir pro hospital por causa da situação delicada — podia acabar presa que nem eu. E o peito empedrado, que doía. Comecei a entrar em pranto.

As carcereiras só se sensibilizaram com as dores de Glicéria quando Eru começou a chorar de fome. Ela quase não amamentava mais, nem sabiam se ainda produzia leite, e ele ia começar a perder peso. A mãe tinha pedido ajuda diversas vezes, mas a administração do presídio nunca se preocupara em levá-la a um médico especialista. A situação foi piorando e pequenos tumores externos de pus surgiram nos seios duros de Glicéria, que enfrentava a febre para continuar cuidando do filho.

Um mutirão de presas, então, organizou uma coleta de leite em pó e mamadeira para Eru poder comer e as carcereiras deixaram os itens entrar no presídio. Quando os ativistas descobriram que Glicéria estava sendo ameaçada pelas colegas de cela, fizeram a direção transferi-la para um xadrez de rés primárias.

Assim que viu que as mulheres do novo quarto eram mais confiáveis, desmaiou em um delírio de febre e implorou que não deixassem Eru desassistido. Glicéria passou quinze dias meio torpe enquanto as demais amamentavam, banhavam e brincavam com o pequenino. A Pastoral Carcerária conseguiu um médico para atendê-la gratuitamente, mas os carcereiros se recusaram a levá-la à consulta. Só a enchiam de paracetamol para controlar as lamúrias de dor.

Uma noite, Glicéria sonhou que mainha pulava os muros do presídio e entregava a ela um remédio que iria curar suas dores. No sonho, bebeu o líquido caseiro. Ao acordar, a dor se intensificou e ela sentiu o peito quente. Ergueu o sutiã: as bolhas de pus haviam estourado. O peito voltou a ficar maleável, mas nunca mais produziria leite. Pediatras consideram essencial a amamentação até seis meses de vida para que o bebê cresça saudável. Eru deixou de ser amamentado aos três, por culpa do estresse da cadeia e do desleixo dos carcereiros com a saúde de sua mãe.

Dois meses e treze dias depois, o juiz da comarca de Buerarema, Antonio Carlos de Souza Hygino, respondeu a um pedido de *habeas corpus*, feito pela Procuradoria Especializada da Funai, para soltar Babau, Gil e, num adendo de última hora, feito à mão mesmo, Glicéria. Sobre a acusação de "sequestro" do caminhão, o próprio juiz voltou atrás e decidiu anular o processo. Glicéria acredita que não havia provas para que o processo seguisse adiante sozinho.

A prisão para uma estudante de direito

A aparência de Júlia não ajudava muito. Era jovem, magra, com cabelos bem cuidados e tingidos de loiro. A pele, de uma negritude quase esquecida, era tão bem tratada e lisa que alimentava a cobiça até em quem nunca tinha estado na cadeia. Falava com eloquência, era educada. Estava acostumada a roupas boas, comida boa, tratamento de universitária. Quem tinha uma aparência como a dela, até pouco tempo antes de ela ser detida, tinha o rosto e o corpo desfigurados, por regra da inveja local. Quando chegou à cadeia pública, implorou que a mãe conseguisse infiltrar uma faca para que ela tivesse como se proteger. Teve que lidar com o desprezo, as implicâncias e o apelido de "Júlia Roberts".

— Eu criei um personagem ruim. Tudo era "não" e ignorância. Não conversava com ninguém, ficava trancada no meu canto. Moravam vinte e poucas na cela e eu falava só com duas delas. Não sei se era medo de me contaminar, de me perder naquele meio, porque na cadeia é assim: eles investem em você pra te abrir os braços pro crime quando você sair. Quase todo mundo cria esse personagem. A não ser umas poucas, que não são criminosas, nem são boazinhas. Chegam lá e não demonstram que são do bem, nem do crime. A gente fica sem entender. Acho que nem elas entendem.

Acima de tudo, Júlia sofria a desgraça de entender perfeitamente como tudo aquilo estava errado. Como as condições físicas e o tratamento que recebia infringiam tratados de direitos humanos, além da legislação brasileira. Duvidava de algumas estratégias de seu advogado. Sabia que deveria ser diferente, que a lei era outra e tinha críticas complexas sobre tudo o que via; na sua cabeça, bolava soluções para os problemas.

— A maior dúvida do preso hoje em dia é o processo. Se tivesse um computador no meio do pátio em que o preso digitasse a condenação dele na hora que quisesse e pesquisasse o processo dele, ele daria menos trabalho dentro do presídio...

A imprensa salivou quando ouviu o caso de Júlia, "a estudante de direito que sequestrava". Faziam vigília na porta da casa de sua família até que eles soltaram cachorros no quintal para espantar gente indesejada. O pai teve que fechar o bar — sua única fonte de renda — e a mãe quase perdeu o emprego quando um jornalista lançou a tese de que ela se disfarçava de faxineira para encobrir a filha sequestradora, que era quem, de verdade, sustentava a casa.

— E sabe o que eles esqueceram de dizer? Uma das provas usadas pela acusação foi uma gravação em que eu pedia dinheiro pra comprar pastel, disseram que isso significava que eu abastecia o lugar com comida. Mas quando perguntaram o que eles tinham comido lá, disseram que nunca viram um pastel. E como é que duas vítimas estiveram sempre juntas e uma delas — parente de policial — me reconhece e a outra diz que nunca me viu na vida ou escutou minha voz? Essas coisas a imprensa não ouviu.

Eu era a primeira jornalista para quem Júlia resolvera contar sua história. Durante todo o tempo em que a apuração se estendeu, ela mostrava grande preocupação com o resultado. Fez com que eu prometesse muitas vezes que iria trazer o trabalho final para que ela lesse. Júlia precisava criar sua própria narrativa de vida. Mas, para ela, nossos encontros nunca foram apenas sobre histórias. Júlia queria que alguém ouvisse o que pensava, as análises que havia feito sobre a vida na cadeia.

— A gente tem sede de falar, sabia?

Mas quando chegou "nesse lugar dominado pelo ódio", Júlia não pensava assim. As consultas com o psicólogo, aliás, eram uma tortura para ela.

— Você é a única paciente que não gosta de falar comigo — lamentava o terapeuta diante de sua resistência.

Pouco depois de ser presa, Júlia começou a ter crises emocionais muito fortes e o psicólogo a encaminhou para um psiquiatra.

— E o psiquiatra, no regime fechado, a salvação dele é passar remédio, pra gente dopar. No meu caso acho que foi certo, mas já vi pessoas que vão no médico e não têm nada. Falam um monte pro médico, ele leva em consideração e dá um monte de droga. Porque assim, você falar pro médico não significa que você tem, né? Ele tinha que fazer uma análise melhor. Tem as guardas que convivem com a gente ali o dia inteiro e que podem falar. É fogo, remédio acaba como refúgio. No fechado tem bastante gente no controlado. À noite, as guardas passam com vidrinho, de porta em porta, colocando. A caixinha de remédio de cada andar é enorme. E a maioria é vício. A maioria é pra tirar a cadeia.

Júlia era uma observadora audaz. Dopar as presas é um artifício para controlar a falta de pessoal capacitado para lidar apropriadamente com problemas emocionais e psicológicos. Hoje, no Brasil todo, só existem cinco hospitais de custódia e tratamento psiquiátrico habilitados a receber mulheres com problemas mentais que cumprem pena ou medida cautelar. Só existem 175 leitos psiquiátricos disponíveis e cerca de 1.300 psicólogos e 270 psiquiatras para tratar os quase 550 mil presos do país, homens e mulheres.

Como muitas detentas, Júlia nunca tinha tomado remédios controlados na vida. E começou com um ansiolítico, o diazepam, e o olanzapina, medicamento forte e relativamente caro usado no tratamento de esquizofrenia. O efeito deste último em Júlia foi exatamente o oposto do esperado.

— Eu tive crise depressiva, umas coisas que nem entendi. Na Penitenciária Feminina da Capital eu fiquei quase doidona, quase fui pro manicômio. Você sente uma tristeza que não sabe da onde vem. Eu virei um monstro. Via bichos na minha frente quando eu tomava o remédio. Ficava louca, louca, louca.. Tremia o pavilhão inteiro, xingava guarda, mordia presa. Quebrava a cela todinha. Me cortei.

Júlia tomava três diazepans por dia, ao acordar, após o almoço e no meio da tarde. Juntava comprimidos para não correr o risco de ficar sem. Foi então que uma guarda chamada Valéria passou a fazer as entregas na cela de Júlia. Dava a ela comprimidos de farinha ou dor de cabeça dizendo que eram ansiolíticos, e ela ficava igualmente calma. Quando sentou com Júlia e contou a ela o que estava fazendo, a moça entendeu que estava viciada.

— Foi aí que eu comecei assim: um dia tomava o remédio, no outro não tomava. Quando eu começava a tremer muito, ela me dava.

Antes que as duas terminassem esse tratamento gradual e informal, Júlia foi transferida para o semiaberto, na Penitenciária Feminina do Butantã. Assim que chegou, teve todo o seu estoque de comprimidos jogado fora e foi avisada de que, ali, ela não iria tomar drogas de nenhuma espécie. Seu corpo, porém, havia criado dependência à substância e o corte foi mais brusco do que seu organismo pôde aguentar.

— Fiquei dez meses sem tomar remédios no semiaberto, nesse tempo, emagreci 10 quilos. Eu não conseguia mais raciocinar, não sabia quando era dia, quando era noite. Comecei a ter recaída, não reconhecia mais ninguém. Foi aí que as guardas de lá começaram a me dar remédio escondido. Elas pegavam as cartelas na enfermaria e me davam. Elas tentaram me ajudar, sabe, da melhor maneira.

O tratamento clandestino só parou quando o pai de Júlia pagou um convênio particular para ela. Procurou a Santa Casa, conseguiu um trabalho externo. Quando a conheci, fazia um ano que Júlia não tomava sequer um comprimido.

A mente não é mais tão perspicaz, mas ela aposta que irá reaquecê-la quando voltar para a faculdade de Direito, assim que sair em liberdade. Outro dia perguntei a ela por que não tinha retomado os estudos ainda, já que o regime semiaberto lhe permitia ir à universidade.

— Eu ia voltar agora, mas o curso era noturno e minha mãe ficou com medo de eu voltar à noite sozinha para o presídio.

As histórias de Heidi

Heidi tinha uma serenidade no mínimo inusitada para quem estava em seu ramo de trabalho. Falava pausadamente, medindo cada palavra para que o sotaque não entregasse sua gringuice. Punha tal seriedade em cada frase, em cada história, que fazia o ouvinte acreditar duas vezes em tudo que ouvia. Apesar de seu aparente comedimento, era possível perceber o quanto tudo aquilo a afetava. Como todas aquelas mulheres, aquelas visitas, aqueles grupos de estudo da Pastoral Carcerária nunca a deixavam totalmente a sós, totalmente em paz.

Heidi conversou comigo com uma atenção pedagógica. Não permitiu familiaridades, mas tampouco foi formal. Ofereceu-me água, café, presenteou-me com alguns livros. Não parecia acreditar que possuía alguma sabedoria secreta para partilhar com o mundo. Imagino que Heidi tinha consciência, aliás, de que o sistema prisional de seu país está entre os mais duros e menos exemplares do mundo.[11]

---

[11] Grande parte do sistema penal americano, hoje, é privatizado. Ou seja, existem empresas especializadas na construção de casas de detenção, manutenção desses estabelecimentos e até gerenciamento dos mesmos. Ou seja, ali, cada pessoa encarcerada conta como cifras no bolso de gente poderosa. Não é à toa que essas empresas pouco se opõem, para dizer o mínimo, ao enrijecimento da política da lei e da ordem que controla cada vez mais duramente a população e engorda, a cada ano, o número de detentos. Não custa nada lembrar que os EUA dirigem a prisão de Guantânamo, onde atrocidades são cometidas com base em argumentos preconceituosos, já que as pessoas ali presas não são cidadãs americanas.

Estava no Brasil, enfim, porque ali lhe trouxe a vida. E trabalhava pelo que acreditava. Ponto.

A certa altura do diálogo, porém, me cansei da ativista e quis saber da mulher.

— Heidi, tem alguma história que tenha te marcado de maneira especial nesse trabalho?

— Estou há treze anos fazendo isso, já ouvi e vi as histórias mais deprimentes, revoltantes — respira fundo e nem pensa muito antes de escolher que histórias contar primeiro. — Tinha uma que era doente mental, dava tanto problema no presídio que a mandaram para o manicômio. O manicômio a segurava um pouco e devolvia: "Está melhor." Mas, assim que chegava de volta ao presídio, piorava. Isolavam-na, então, até que conseguissem nova vaga no manicômio. Foi e voltou dez vezes. E, numa rebelião, as mulheres, que estavam revoltadas com ela porque aprontava, justamente porque era doente, a mataram. A gente sempre achou que a culpa era do Estado, porque o Estado não garantiu a segurança dela. Quando foi a terceira vez para o manicômio, alguém tinha que ter parado e dito: "Será que não é melhor deixá-la lá de vez, em vez de ficar devolvendo?" Tinha uma outra moça que estava no terceiro ano de psicologia na Universidade de São Paulo (USP) quando foi presa. Ela era de uma outra cultura, coreana (não me lembro bem se do norte ou do sul...), e tinha um casamento arranjado com um homem violento, que ela jurava não querer. Por isso, ele começou a ameaçá-la: "Se você não casar comigo eu vou matar os seus pais." Ela se sentiu num beco sem saída — Heidi fica um pouco constrangida quando diz isso — e pagou para alguém matá-lo. Não foi a melhor opção, claro, mas ela não era uma *criminosa*, não era ameaça à sociedade, era uma ameaça só *àquela* pessoa. Ela pegou doze ou catorze anos de cadeia, não lembro bem. Cumpriu, saiu. E quando saiu, ela falava pra mim: "Heidi, eu passo em qualquer teste de emprego. Mas assim que eles veem meus antecedentes, ninguém me dá trabalho." Seu maior problema era ser estrangeira, já estava aqui havia mais de uma década, morando regularizada, mas nunca se naturalizou. Por cometer esse crime, abriram contra ela um processo de extradição. Mesmo que toda a família dela estivesse aqui, que ela morasse aqui há mais de quinze anos antes de ser presa. Depois que saiu, ela ainda ficou aqui tempo suficiente pra namorar um brasileiro e ter filhos com ele. Mas filhos depois da extradição não contam, então foi expulsa para a Coreia. Um país que não conhece, uma língua que ela não fala, pois não vive lá desde criança. Está ainda apelando da expulsão e tentando voltar, e o namorado, acho que a está esperando aqui.

Opinião de gaioleiro

— Eu trabalhei muito tempo com prisão masculina, mas, um dia, pedi pra ser gaioleiro de mulher.

— Gaioleiro?

— É, que cuida quem entra e quem sai de cela, essas coisas. Primeiro dia e uma mulher me perguntou se poderia atravessar para pegar cigarro do outro lado e eu disse que não. E ela vira e diz: "Ué, não pode por quê?" E eu: "Porque não pode." "Não pode não é explicação", retrucou ela. E eu fiquei surpreso porque um homem nunca questionaria, questionar é típico de mulher. Elas respeitam menos e são mais sujas também. Em penitenciária masculina, mulher não pode entrar de saia porque senão o chão reflete o que está por baixo. Já na feminina: uma sujeira!

— Engraçado. A gente espera o oposto, já que as mulheres são normalmente as responsáveis pela arrumação da casa.

— Não a mulher do crime! Essa aí tem um malandro que banca alguém limpando a casa pra ela. São umas sem-vergonha, você não conhece.

— Ei, você! — para um segundo funcionário. — Que você acha?

— Sobre o quê?
— As mulheres, são mais sujas ou não são?
— Oh, sim! Muitas delas têm depressão...

Uma mala, uma mula

Romina não encontrava maneira de fugir do estrangeiro. No Brasil, era paraguaia, no Paraguai, brasileira. Na Penitenciária Madre Pelletier, quando me mostrei interessada em ouvir histórias de mulheres de outras nacionalidades, a diretora correu e buscou dona Romina. A pobre já chegou se desculpando por ser brasiguaia e culpando o portunhol pela confusão, à qual já estava habituada.

— O sotaque é assim, mas nasci foi no Brasil, em Ponta Porã, no Mato Grosso do Sul. Na parte do meu pai é tudo Paraguai, mas da minha mãe, sou bem brasileira.

Misturava português, espanhol e guarani na língua e na cara. Tinha um rosto de índia, a pele de roça, as mãos de sol ardido e os olhos de fome. Quanto sofrimento guardavam aqueles olhos!

Romina tinha casado antes da hora e enviuvado mais precocemente ainda. No posto de viúva sem filhos, lhe restou cuidar da mãe de 87 anos, que logo adoeceu, deixando Romina numa desesperação danada. Já idosa, não tinha energia para roçar o necessário para as duas comerem e mal havia excessos para vender. Conforme a doença da mãe foi se agravando, a penúria foi se estabelecendo com mais força.

Sentindo o cheiro do próprio suor e a fome maltratar a barriga, Romina chorou durante muitos dias, sem poder abandonar a enxada para secar as lágrimas. Assistia à mãe definhar pela doença e pela fome e os chás e remédios naturais já não lhe aliviarem mais a dor. Na cama, toda noite, nem a exaustão a levava para um lugar de paz.

A vizinha apareceu como anjo caído e ofereceu um caminho. Não era certo, segundo o código moral de Romina. Deus também não devia gostar do que iria fazer, mas não havia Deus abandonado a ela e à mãe?

Concordou em pegar um ônibus do Mato Grosso do Sul até o Rio Grande do Sul, transportando um tanto de droga que ela nem quis saber de que tipo era. Ao chegar na rodoviária de Porto Alegre, a polícia já a esperava.

— A senhora tem alguma substância ilícita consigo?

Nem se preocupou em mentir. A culpa e o medo admitiram tudo por ela e, na bôlsa, o pequeno pacote de drogas foi facilmente encontrado.

Romina aprendeu, então, que tinha servido de "mula" — o mesmo nome dado ao animal sem inteligência que transporta os pesos da roça. Como mula, não tinha questionado a carga, trabalhara quase que em troca de comida e água e tomara a chicotada em silêncio para não sofrer ainda mais.

Resignou-se com a prisão. Ali se alimentava todos os dias e se livrara, afinal, do peso de ver a mãe morrer por sua incompetência. Trabalhava na cozinha desde o dia em que chegara e, silenciosa, evitava qualquer tipo de confusão.

Estava marcada para três meses após nosso encontro a progressão do regime de Romina para o semiaberto. Mas ela não queria ir.

— Não tenho ninguém por mim. Tenho medo de sair nessa cidade grande e perigosa que é Porto Alegre e se for de volta para

Ponta Porã, minha mãe vai querer me visitar, e eu não quero que ela passe por tanta humilhação naquela idade — explicava numa vozinha fraca e humilde, quase pedindo desculpas por ter querer.

Os traficantes que contrataram Romina para transportar a droga nunca foram pegos. E ela, que não era boba, não disse uma palavra sobre eles, pois não queria aparecer morta e nem que nada de mau acontecesse à sua família.

Romina nem sabe, mas o golpe no qual caiu é muito comum. Grandes redes de tráfico internacional costumam aliciar mulheres em situação de vulnerabilidade para fazer o serviço mais arriscado em seu lugar. Assim, se pegas, elas não dirão nada, por medo. Essas mulheres, pobres, pouco instruídas, doentes ou mães solteiras, também aceitam correr perigo por quantias mínimas. Romina, por exemplo, ganharia apenas mil reais e a passagem de volta.

Em muitos casos, as mulas são usadas como iscas fáceis para atrair a atenção da polícia enquanto o verdadeiro carregamento de drogas chega ao destino. É a chamada "cortina de fumaça". Pela pequena quantidade de drogas que carregava, Romina foi provavelmente contratada, desde o começo, para ser pega. Os próprios aliciadores devem tê-la denunciado e se aproveitado da mobilização em torno de sua captura.

Um belo trabalho feito por pesquisadoras[12] da Unesp em parceria com o Instituto Terra, Trabalho e Cidadania revelou que três tipos de mulheres são usadas por essas redes de tráfico: as que foram completamente enganadas e não sabiam o que estavam fazendo; as que sabiam que praticavam um ato ilegal, mas se arriscaram pelo dinheiro (caso de Romina); e aquelas que são profissionais do

---

[12] Ana Paula Navarrete e Juliana Santos. "As vozes que ninguém quer ouvir: um retrato das presas estrangeiras no Brasil" (Unesp, 2014).

crime. Surpreendentemente, são muito poucas as que fazem parte do terceiro grupo.

Em geral, elas são abordadas por pessoas de confiança, um pastor da igreja, uma vizinha, um primo, que cria com elas vínculos de confiança antes de oferecer o trabalho. Como são mulheres solitárias, é fácil entrar em sua vida.

O crime de "mula" é o mais comum, por exemplo, entre as 830 estrangeiras presas no Brasil hoje, 97% respondem por ele. Um dos exemplos mais escandalosos das mulheres usadas como mulas são as portadoras do HIV, o vírus da Aids, que moram em países onde não há tratamento para a doença ou ele é precário. Já que o Brasil tem um programa para a Aids gratuito e de qualidade, os traficantes facilitam a entrada dessas mulheres no país e as convencem com o argumento: "Mesmo se você for pega, na cadeia terá tratamento retroviral e não morrerá."

A situação de vulnerabilidade dessas mulheres é tão extrema que alguns juristas não as consideram criminosas, mas vítimas de tráfico de pessoas. Seu caso é bem parecido com as jovens aliciadas para serem "modelos" no exterior e que acabam como prostitutas escravas: elas não têm muita alternativa a não ser aceitar a oferta, já que estão em situação de penúria; são enganadas em algum nível pelos aliciadores e usadas por grandes redes criminosas cujos verdadeiros bandidos nunca são capturados. Há um tratado internacional do qual o Brasil é signatário que se chama Protocolo de Palermo. Esse documento determina que, para um crime caracterizar tráfico de pessoas, não é necessário que a vítima seja enganada, apenas que o aliciador se aproveite de sua situação de vulnerabilidade, como ocorreu com Romina.

No Brasil, o problema é intensificado, já que, além de grande mercado consumidor, o país está em uma rota favorável do tráfico internacional de cocaína, propiciando escalas pouco fiscalizadas entre Paraguai, Colômbia, Peru, Europa e a África do Sul. A rota inversa alimenta a América do Sul de haxixe e ecstasy. Romina, provavelmente, trazia droga vinda do Paraguai e que entrou no Brasil pela fronteira com o Mato Grosso do Sul.

O tráfico interno é também movimentado, como descobri através da história de Tamyris, aquela goiana belíssima e cheia de meiguice que foi presa com o filho Luca, de três meses, no aeroporto de Belém, no Pará. Ainda hoje me pergunto se a beleza foi uma praga para Tamyris. Tinha um rostinho esculpido, afinado, olhos castanhos rasgados, cabelos negros meio ondulados, uma pele aveludada e uma boca farta. O corpo era tamanho P, mas lindamente proporcional, com todas as curvas que as mulheres desejam ter. Fosse feia, talvez não tivesse chamado a atenção de malandro poderoso. Aos 20 anos, estava presa em um estado distante, no meio da Amazônia, em um clima úmido que não tolerava, sem visitas e prestes a perder a guarda do filho. Fosse feia...

Tamyris se deixou seduzir pelo malandro na adolescência, sem saber com quem lidava. Aos poucos, diz ela, ele foi revelando seu envolvimento com o tráfico, tão lentamente que ela se habituou àquele modo de vida. Teve com ele dois filhos, dedicou-se à maternidade e não estudou nem arrumou profissão. Com o terceiro para nascer, começou a desejar uma casa própria e cresceu os olhos para um terreno espaçoso que o cunhado vendia. Recebeu, então, uma tentadora proposta do rapaz: se transportasse uma mala de drogas para o Pará, ganharia o terreno como pagamento. Só uma mala.

Ela se deixou consumir pela ambição. Pensou que, com Luca no colo, nenhum policial a veria como suspeita. Seria uma vez só, só uma mala, e seus filhos logo teriam uma casa própria para morar.

— Fui pega e posso perder a guarda do meu filho, tudo por causa de uma maldita mala. Fico rindo por fora, mas chorando por dentro. Deixei meus filhos lá fora. Deixei meus filhos sem mãe...

Ao saber da prisão, o marido prometeu matá-la quando saísse. Onde já se viu mulher, ainda mais bonita, vender droga? Pediu o divórcio antes mesmo que a pena de Tamyris saísse.

Esmeralda

— Só que tinha a Esmeralda. A Esmeralda era meu anjo. Tinha sido presa muitas vezes, dizia que roubava pra usar droga. Droga injetável. Fazia vinte anos que tava indo e voltando. Ela era vacinada. Quando eu cheguei, ela não gostava de mim. Ela era cega de um olho, só tinha um dente na boca. A imagem dela assustava. Mesmo assim, ela foi a melhor pessoa de lá para mim. Depois, ela caiu doente e eu cuidei dela. Ela tinha HIV. Aí veio diabetes e foi arruinando seu corpo mais ainda. Eu acabava limpando ela no banheiro e essas coisas e, quando ela voltava, falava assim pra mim: "Camila, eu vou te falar, eu tenho vinte anos de cárcere e eu nunca encontrei uma pessoa assim que nem você — e olha que eu já conheci muita gente. Você não tem nojo de mim?" E eu dizia: "Não, Esmeralda. E o que eu fizer por você, vão fazer pela minha mãe." E realmente. Meu pai parou três anos, ele não saía de casa. Cuidou da minha mãe até o fim. Ela teve diabetes, doença de Chagas, operou do coração várias vezes. Teve vários derrames. Parou de andar, ficou cega. Parou de falar. E meu pai nunca a abandonou. Não que eu fiz pra trocar, mas eu sabia que se eu fizesse por alguém, Deus ia colocar.

※ ※ ※

— Teve uma vez que a Esmeralda tava usando droga no boi — no boi é tudo junto: um banheiro, uma pia e um lugar pra gente fazer de cozinha. Quando eu entrei, ela me xingou pra eu sair dali. Até assustei. "Nossa, a Esmeralda nunca me tratou mal assim." Depois, ela se explicou pra mim: "Você nunca mais, nun-ca ma-is entra ali. Porque pra cair nessa é um-dois. Pra oferecer, tem um monte e as pessoas vão falar assim 'vamos oferecer pra ela que ela tem dinheiro pra sustentar o vício depois'." Eu nunca mais entrei mesmo, um tanto pela reação dela. Logo em seguida, a Esmeralda foi pro hospital. Ela me mandou duas cartas que guardo até hoje. Um dia, eu tava na cama e falei pra Su: "Su, acho que minha mãe tá passando mal, porque eu tô inquieta." Aí a Su falou assim: "Vamos ligar lá." Consegui falar com meu irmão caçula e ele falou que a mãe tava bem. E eu falei pra Suzi: "Nossa, acho que hoje eu tô com ansiedade da cadeia mesmo." Aí veio a notícia: a Esmeralda morreu. Acho que eu tinha sentido.

Dizeres

Leio, em voz alta, a inscrição no alto da Penitenciária de Sant'Anna:
— "Aqui o trabalho, a disciplina e a bondade resgatam a falta cometida e reconduzem o homem à comunhão social."
No final da frase, uma funcionária cochicha ao meu ouvido:
— Mentira...

Biblioteca

Na Penitenciária de Sant'Anna, os livros mais procurados são os romances românticos. Também existe um gosto especial pelos espíritas de autoajuda (Zibia Gasparetto tem um reduto de fãs por ali). E, às vezes, desaparece um exemplar ou outro das duas obras prediletas: *Estação Carandiru*, do médico Drauzio Varella, e *Diário de um detento*, do ex-presidiário Josemir José Fernandes Prado, o Jocenir. Cada detenta tem dez dias para devolver os empréstimos — prazo cobrado à risca para evitar o roubo de exemplares e devidamente anotado num caderno brochura de capa infantil, na caprichosa letra de Érica, a presa responsável pela biblioteca.

Érica gosta de trabalhar ali. Pode ler e dar vazão ao seu lado "universitária de pedagogia" — esquecido desde que foi presa, há dois meses. Tem mesmo o molde de uma professora infantil. Os cabelos loiros estão presos numa trança embutida, ela tem gestos meigos, uma aparência paciente, olhos espertos e um sorriso discreto.

Num tempo nada distante, Érica tinha uma vida muito diferente. Trabalhava durante o dia, estudava pedagogia pelas noites e voltava para casa para o marido e sua filhinha deficiente mental. Érica tratava o problema com naturalidade, como se estivesse apenas descrevendo uma característica ordinária da menina, como ter olhos castanhos ou o rosto fino.

Um dia, Érica descobriu que estava sendo traída. Não era dela fingir que não viu. E mesmo que isso significasse ter que cuidar da filha sozinha, pediu que ele procurasse outro lugar pra morar.

O gesto não foi suficiente para a amante. Ela continuava a provocar ciúmes, deixando recados agressivos nas redes sociais e fazendo ligações maldosas para a menina de Érica. Para a sua filha! Chegou o dia em que Érica decidiu dar um basta naquilo. Ligou para a mulher e pediu que conversassem pessoalmente sobre o assunto, terminassem aquela novela de vez.

A amante, porém, não queria conversa. Ressentia-se dela por um dia ter sido a número um, a esposa que o homem amado havia escolhido para oficializar. Ressentia-se dela por ter ganhado, naquele teatro, o papel secundário, o da que ficou com as sobras. Logo na esquina do lugar marcado, esperou Érica nas sombras, escondida com um canivete.

Os passos de Érica devem ter-lhe apertado o peito, mas não vacilou. Atirou o canivete no pescoço dela assim que se aproximou o suficiente. Érica teve uma reação rápida, revidou. As duas entraram numa disputa corporal pela arma. Socos, empurrões, puxões de cabelo. Érica conseguiu dominar o canivete.

É difícil imaginar o que deve ter passado pela mente dela naquele momento. Não aparenta ser uma pessoa de natureza agressiva. Talvez não tenha passado nada. Talvez Érica não tenha tido tempo nem de refletir antes de deixar a raiva fluir e encher o canivete no corpo da outra. Dormiu com seu marido. Deixou recados humilhantes, públicos, em seu perfil nas redes sociais. Infernizou sua filha doente. Sua filha indefesa! O canivete entra mais fundo. Tentou feri-la (ou, quem sabe matá-la!) com um canivete. Atacou-a de surpresa. Maldita!

Em algum momento entre a raiva e a reflexão, Érica deixou o canivete, largou a moça e partiu. Ela não morreu, mas o corte foi profundo. Profundo o bastante para eliminar a hipótese de legítima defesa e condenar Érica a dois anos de cadeia. Talvez alguns centímetros a menos... Quem sabe se ela tivesse refletido alguns segundos antes... Mas a diferença entre a autoproteção e a raiva, calculada em medidas de régua, a colocou na cadeia.

— A juíza diz que eu fui desmedida, que o corte não foi equivalente à agressão. Ela pode ter alguma razão. Mas tudo que eu sabia na hora é que aquele canivete estaria no meu pescoço se não fosse na pele dela — e segura a garganta.

Às vezes, Érica tem crises de rinite alérgica. Um pouco disso é por manejar livros velhos — alguns rasgados e quase mofados — que são doados ao presídio. Um outro tanto acontece porque a biblioteca tem infiltrações por todos os lados. No topo da sala úmida, próximo ao teto, existem manchas de musgos esverdeados quase do tamanho de uma pessoa. E a situação não muda muito quando Érica desce as escadas e passa pelas oficinas de trabalho onde algumas garotas têm ocupações não tão boas quanto a dela. Logo ao pé da escada, algumas detentas passam o dia contando talheres plásticos e embalando-os. Um. Dois. Três. Quatro. Cinco. Seis. Sete. Oito. Nove. Dez. Fecha a embalagem. E de novo. Sem luvas higiênicas ou encosto nas cadeiras. A luz, parca.

Um pouco adiante, presas separam fios para uso mecânico. A iluminação é melhor e os encostos também, mas algumas têm que se sentar sobre cadeiras empilhadas para ajustá-las à altura certa. Para a maioria das detentas, trabalhar é um privilégio. Permite que ocupem a cabeça, mandem dinheiro para casa e, a cada três dias trabalhados, redimam um da pena. Elas não têm os mesmos direitos garantidos aos trabalhadores livres, como férias, licença-maternidade e décimo terceiro salário. Tudo a que está obrigado o empregador, pela Lei de Execução Penal, é garantir a elas um ambiente seguro e limpo e um trabalho que sirva à sua ressocialização. Na verdade, seu salário só precisa ser superior ou igual a três quartos do salário mínimo — o que as torna mão de obra especialmente interessante para atividades repetitivas e manuais que quase ninguém quer. Mesmo assim, as companhias resistem em empregá-las. Só 3%, mais ou menos, têm a "regalia" — que é garantida por Lei. Às demais resta a esperança da lista de chamada.

— Eu e meu marido estamos os dois presos há anos e eu não aceito nada que minha família mande. Não é certo tirar dos meus três filhos pra dar pra mim. Na verdade, dou graças a Deus que posso trabalhar, que assim posso me sustentar e também mandar uma parte pra ajudar minha mãe a cuidar das crianças — contou certa vez uma mulher negra muito bonita, de uns 30 e poucos anos, que trabalhava na oficina de artesanato.

Como ela, afirma a Pastoral Carcerária, 58% das mulheres presas que trabalham enviam dinheiro para a família; entre os homens, o número é de 27%. Vale ressaltar que o dinheiro ganho pelas detentas deve servir, em parte, para indenizar as vítimas de seus crimes, outra parcela é destinada a seus pequenos gastos pessoais, eventualmente, um tanto é pago ao Estado como compensação pelo gasto público que são e, se algo sobrar, é guardado num tipo de poupança chamada de pecúlio, a que a detenta terá direito quando sair livre.

A Fundação de Amparo ao Preso emprega metade das mulheres que trabalham em Sant'Anna. As demais prestam serviços em atividades de apoio, como limpeza, bibliotecas e postos culturais, e para empresas privadas. Além da remuneração, recebem uniforme de trabalho e kit de produtos de higiene, desde que não faltem sem dar explicações — o que raramente acontece.

A oficina da Funap está no caminho de Érica para sua cela. É uma antiga capela em que cortinas brancas escondem as manchas da umidade e bonecas loiras e flores artificiais tentam dar um ar de doçura ao ambiente. Depois de passar por ela, Érica envereda por um corredor abafado para chegar ao seu destino.

Tanto no pavilhão onde ela mora quanto nos dois outros, as paredes são brancas, as portas das celas azuis e grande parte do ambiente é decorada com desenhos de corações e pessoas de roupas coloridas, que as próprias presas fazem nas paredes. Algumas ganham frases de efeito e consolo também. Para o Dia das Mães, por exemplo, elas gravaram na entrada de um dos pavilhões a sentença "mãe: amor incondicional". Outras vezes, são mensagens de fé.

A fé religiosa ali, assim como nos presídios masculinos, desempenha dois papéis importantes. O de redenção e refúgio das presas — que, algumas vezes, decidem mudar de vida, influenciadas pelos ensinamentos evangélicos ou espíritas — e o de refúgio físico de fato, porque "o PCC não agride gente evangélica".[13] No intervalo entre as nove da manhã e as cinco da tarde, em que as celas ficam abertas, não é raro encontrar um grande número de presas em roda, às vezes de mãos dadas, cantando hinos evangélicos em voz alta e de olhos cerrados.

---

[13]PCC, Primeiro Comando da Capital, é uma facção criminosa que regula as relações nas cadeias e presídios de São Paulo e chega, até mesmo, a relacionar-se com organizações de outros estados.

Para presas com indicação médica, existe também uma academia para passar o tempo, perder peso e fazer fisioterapia. Ali era o antigo cinema, da época em que o presídio abrigava homens. Os equipamentos doados são poucos, mas bem conservados, e elas têm a ajuda umas das outras e de uma instrutora. Não existem muitas deficientes físicas em Sant'Anna, mas as poucas que moram ali não contam com instalações adaptadas e dependem dos cuidados das companheiras de cela que, por sorte, são muito prestativas com aquelas que têm necessidades especiais.

Para pequenos problemas de saúde, no térreo, logo na entrada de cada pavilhão, existe uma pequena enfermaria cuidada por detentas que têm curso de enfermagem.

Passando por ela, Érica chega à cela miúda e vai ler na sua cama de concreto no chão. Como ela, a maioria das cerca de 2.500 mulheres que ali vivem divide sua cela com uma acompanhante — com exceção daquelas que estão sozinhas no castigo. Em cada lado há uma cama baixa com um colchão, duas pequenas mesinhas para colocar a televisão — se a família doar uma — e alguns alimentos. A uma passada das camas está o banheiro, que consiste em um vaso sanitário, uma pia e um chuveiro. Não tem portas, apenas uma muretinha até quase a altura da cintura. Quando tomam banho ou fazem suas necessidades, se as celas já estiverem trancadas, elas são obrigadas a fazer isso uma diante da outra. Certa vez, uma das celas tinha uma grande quantidade de fezes no vaso, ao mesmo tempo em que frutas eram descascadas na mesinha. O cheiro era nauseante. A moradora do local, porém, parecia estar habituada, talvez devido aos constantes problemas de hidráulica do presídio. E quando uma visitante elogiou a beleza das cortinas na janela, ela disse, orgulhosa:

— Gostou da arrumação? Eu mesma que limpei a cela!

Os dormitórios têm bolores quase tão grandes quanto os do ambiente de trabalho de Érica, o que não ajuda muito sua rinite. Os corredores centenários são escuros, úmidos e frios. Mas, na biblioteca, Érica e as outras continuam encontrando romances de finais felizes — e com palácios sem infiltração.

Big Brother

É preciso não se deixar enganar pela bela unidade de saúde, os corredores ventilados e celas limpas da Penitenciária Estadual Feminina de Guaíba. O que predomina ali é um tipo bem sofisticado de crueldade: a psicológica. Um dos presídios femininos mais seguros do país, Guaíba foi projetada para funcionar em esquema de Big Brother. Toda a estrutura tem um andar superior gradeado, no qual guardas caminham 24 horas por dia observando os movimentos das detentas de cima para baixo. Há câmeras em todas as áreas públicas e uma sala de monitoramento de última geração. Banhos de sol são restritos a uma hora e meia por dia. No restante do tempo, a maioria das apenadas não tem trabalho ou aulas e é condenada ao tédio de suas celas.

Nos cubículos, o único espelho é um adesivo reflexor colado na parede, que deforma o rosto de quem ali se olha. Uniformes de moldes masculinos são obrigatórios para as 230 detentas, o que, para Cristina, aquela psicóloga vivaz que trabalha no presídio, é uma tremenda crueldade.

— Elas são despersonalizadas com os uniformes. Para se ter uma ideia, customizá-los é falta grave e elas fazem isso mesmo assim. Correm o risco porque, para elas, é importante expressar-se no vestir.

A disciplina é rígida e, mesmo nas áreas internas, as presas circulam de algemas. Em caso de faltas graves, são isoladas em solitárias por até dez dias. Ali, são comuns os casos de pânico, transtornos de ansiedade, depressão e até episódios de psicose. No dia em que visitei o presídio, Cristina me mostrou esse local. Era limpo e arejado, mas bastou que as presas escutassem os barulhos de nossos passos para que eu percebesse que limpeza não garante um tratamento humano. As detentas começaram a gritar, implorando para que ficássemos ali perto conversando com elas por alguns minutos ou, ao menos, escrevêssemos uma cartinha. As vozes eram de choro.

A rigidez do presídio provoca um fenômeno peculiar que Cristina chama de "institucionalização da pessoa". Isso ocorreu com uma das presas que estava na solitária naquele dia. A vida dela foi tão regrada pela cadeia que, assim que a diretora afirmou que iria antecipar sua saída condicional, a mulher passou a aprontar de tudo, num movimento de autoboicote. Fez até que algo fosse considerado falta grave e sua pena, aumentada novamente.

— O sentimento de pertencimento dela já estava vinculado à cadeia, como ocorre com muitas outras mulheres que eu trato aqui — conta Cristina. — Elas incorporaram o aprisionamento como regra e não conseguem mais sair disso.

Andando pelas carnes

— Sabe o que eu achei ontem na comida? Bosta de rato. Juro por Deus! Na carne que eu peguei e fui desfiá, separei assim uns pedacinho, as parte mais mole. Aí vi um negocinho preto, tirei. Que merdica de rato, quem não conhece, gente? Ainda coloquei assim e amassei pra vê. Não é que era merda de rato mesmo? Chamei a guarda e falei: "Olha aqui, merdica de rato na carne." "Quem me garante?" "Eu, Gardênia. Eu que tirei e amassei aqui pra ver se era e olha: bosta de rato." "Pega outra baixela." E eu peguei e joguei fora, nem comi. Outro dia eu tava sentada na cama e a guarda mandou apagar a luz. Sabe o que eu tava jantando? Peixe! Já imaginou comer peixe no escuro? Como que vai tirar o espinho? Eu já engasguei com espinho de sardinha! É opressão danada. Nem terminei de comer. Vou comer peixe no escuro e morrer engasgada? Aquele lugar tá cada vez pior. O máximo que você pode achar numa comida é um cabelinho, né? Mas lá não, lá tem bigato na salada, sabe, aqueles negócio de goiaba, aquele bicho, lesminha. Isso falam que é normal, mas pra mim não é. Vidro na comida! A menina que encontrou, eu não encontrei não, encontrei só bicho só. Bicho de feijão, feijão véio, sabe aqueles bichinho preto? E elas coloca fermento no feijão pra cozinhar mais rápido. Fermento faz um mal! Outro detalhe: sabe luva? Elas põem luva e cata a comida com a mão e põe no seu prato. O certo é ter uma concha, né? Mais higiênico. Ou senão uma caneca. Mas não, é com a mão mesmo. Você vê aquela mão cheia de molho e catando e pondo no seu prato, catando e pondo no seu prato, só de olhar já dá nojo. A família não pode levar comida todo dia, só dia de domingo. E não entra nada que é recheado. Esfirra fechada, coxinha, não. Lasanha, essas coisas: nada. Não pode cozinhar também, não pode ter fogão. Eles vende Nescafé, mas você não pode ter onde esquentar a água, na teoria. Pra gente esquentar água faz o quê? Coloca duas pilha, uma colada na outra, amarra um barbante, coloca o pregador embaixo, coloca o fio e liga na tomada pra esquentar. Põe a água em cima e esquenta no banho-maria pra fazer água pro café. Só. Não dá pra fazer comida. Ou faz café com a água do chuveiro. Eu nem como. Tem dia que não almocei, não tomei café da tarde, quando fui pegar a janta que fui abaixar, desmaiei. De fome. Eu não vejo a hora de chegar segunda-feira pra mim sair pra rua [Gardênia está no regime semiaberto hoje] pra comer. Desesperada. Me chamam até de morta de fome, mas eu passo fome mesmo. Nossa, o pior lugar de alimentação é a prisão lá do Butantã (em São Paulo). O rato deve ter tomado conta lá, andando nas carnes, no meio dos legumes...

Vinte rebentos

Maria Aparecida tem 57 anos, vinte filhos, dezenove netos, cinco bisnetos e nenhuma visita — nem sequer um Sedex — nos últimos dois anos e oito meses. Parece ter se acostumado ao isolamento. Todas as mulheres no recinto se sentam em duplas ou trios, mas Maria não se importa com isso. Tem aquela postura de quem está solitária mesmo quando em companhia. Troca de lugar durante a cerimônia — era dia de entrega de certificados de cursos profissionalizantes na Penitenciária de Sant'Anna — e vai se sentar sozinha. Não presta atenção no que está acontecendo à sua volta ou se concentra apenas em detalhes insignificantes.

— Já são dez pessoas com o sobrenome Silva — diz em voz alta para si mesma, rindo da coincidência.

De repente, repara na minha presença, uma cadeira atrás. Aperta a ponta dos dedos e diz:

— Viu só? Diabetes.

Mostro-me interessada.

— Quase morri na semana passada, fui salva graças a uma ex-funcionária daqui. Como gosto dela!

— Ex-funcionária? Ela não trabalha mais aqui, então? — perguntei.

— Sabe que não sei?

Curva o corpo para trás e deixa à mostra um olhar suplicante, uma pele maltratada e uma aparência de, pelo menos, dez anos a mais. Sinais de anos de lavoura e de estrada, dirigindo caminhões de transporte de boias-frias pelo interior de São Paulo. Sinais de partos diários que ela continuava tendo depois daqueles vinte, para dar à luz o sustento da família.

Como era comum entre as meninas de Ourinhos daquela época, casou-se aos 14 anos, com um japonês. Teve, com ele, dez filhos. Mais tarde eles se separaram e ela casou-se de novo, "mas, dessa vez, com um brasileiro" e teve mais dez.

— ... e tem a minha caçula. Ela tem 17 anos e graças a Deus está na escola. Ela me escreve sempre, diz que tem saudades, que não vê a hora de me ver.

— E por que não vem há tanto tempo?

— Ah, a menina corta cana. Não dá pra vir assim toda vez pra São Paulo.

Por um ano e meio esteve detida em uma cadeia pública em São Pedro do Turvo, uma cidadezinha do interior de São Paulo onde moram 6.978 pessoas. E, por sua vontade, lá teria continuado pelo resto de sua pena, para ficar próxima à família, não fosse a Justiça ter determinado sua transferência para a Penitenciária Feminina da Capital, a 358 quilômetros e mais de 100 reais de distância.

— Diziam que minha pena era muito grande pra ficar lá até o fim.

Do crime ela não quer falar. Diz, vagamente, que o genro matou alguém e usou a casa dela pra se livrar do corpo.

A família é simples, uma maioria de trabalhadores rurais e boias-frias, que não conseguem dinheiro ou folga para visitá-la. Não têm condições de garantir o seu sustento lá dentro ou de mandar qualquer item básico de sobrevivência.

— Mas você recebe o kit de higiene aqui na Penitenciária, não é? Não te falta nada...

— Não falta nada? — e ela me olha de um jeito zombeteiro, ridicularizando a minha ingenuidade. — Tem dia que até saio recolhendo papel de jornal do chão para limpar a bunda!

Com o tempo, percebi que a história de Maria Aparecida era icônica. Casos assim acontecem porque, em vez de pequenas unidades distribuídas pelo Estado, as penitenciárias femininas do Brasil são grandes e poucas. Transporte e hospedagem são caros e, normalmente, não existe ajuda do governo para que as visitas aconteçam. Muitas unidades, inclusive, impõem dificuldades, como limitar o número de crianças por visita. Além de impedir que os filhos encontrem a mãe todos juntos, em algumas situações a visita nem sequer acontece porque o responsável pelas crianças não tem com quem deixar os filhos que não entrarão.

Como resultado, muitas mulheres preferem cumprir o resto de suas penas em cadeias públicas e distritos policiais, em condições precárias de higiene e superlotação. As cadeias públicas foram criadas para abrigar acusados apenas durante a prisão temporária, que deve durar cinco dias prorrogáveis por mais cinco, e a prisão preventiva, que, em geral, deveria levar alguns meses, durante os quais ocorreriam as investigações ou o julgamento. As duas medidas privativas de liberdade são indicadas para casos de crimes graves muito específicos, para impedir que o apenado fuja, continue praticando o delito ou interfira nas investigações. No Brasil, nem sempre é o que acontece.

Como as penas, a estadia nesses locais deve ser temporária, segundo a lei brasileira. Isso porque as cadeias públicas e distritos policiais não têm estrutura de saneamento básico para manter muitas pessoas e, na maioria dos casos, tampouco têm camas, produtos de higiene, atendimento médico ou trabalho disponível para ocupar a mente, ajudar na ressocialização e na remissão da pena.

Nas penitenciárias, a situação é um pouco melhor, mas, ainda assim, está longe da ideal. Em geral, cada mulher recebe por mês dois papéis higiênicos (o que pode ser suficiente para um homem, mas jamais para uma mulher, que o usa para duas necessidades distintas) e um pacote com oito absorventes. Ou seja, uma mulher com um período menstrual de quatro dias tem que se virar com dois absorventes ao dia; uma mulher com um período de cinco, com menos que isso.

— Todo mês eles dão um kit. No Butantã, dão dois papel higiênico, um sabonete, uma pasta de dente da pior qualidade e um (pacote de) absorvente. Falta, né? E ninguém dá nada de graça pra ninguém — conta Gardênia.

Itens de higiene se tornam mercadoria de troca para quem não tem visita. Algumas fazem faxina, lavam roupa ou oferecem serviços de manicure para barganhar xampu, absorvente, sabão e peças de roupa. No regime semiaberto, só recebem o kit aquelas que não têm visita. Para evitar que as trocas gerem uma espécie de elite de cadeia, as penitenciárias limitam o número de produtos que as detentas podem trazer das "saidinhas". No Butantã, a lista era a seguinte: oito rolos de papel higiênico, três sabonetes, duas pastas de dente, quatro pacotes de absorventes, dois xampus, dois condicionadores, dois cremes hidratantes para o corpo, dois desodorantes roll on, uma escova dental, 1 litro de cândida, 1 litro de desinfetante, 1 quilo de sabão em pó, dez cartões telefônicos com 50 unidades cada, dois pacotes de cigarro (moeda valiosíssima nas cadeias), um isqueiro, dois conjuntos de calcinha, um calção verde sem estampa, duas camisetas de manga curta, quatro aparelhos depiladores, duas embalagens de fio dental, vinte envelopes para carta, vinte selos e um bloco de escrita de 50 folhas. Com isso tinham que viver e trocar — e o que viesse fora do especificado era doado a uma instituição de caridade ou jogado fora.

— É, no (regime) fechado eles passam jogando o kit na cela, independente de visita — diz Júlia. — No semiaberto, se eu for lá hoje, a mulher vai falar: "Toma vergonha na sua cara." E se tiver dinheiro no pecúlio elas também não dão, só dão pra quem não tem dinheiro. E o fato de alguém trabalhar no presídio não significa que não precise. De repente, está juntando aquele dinheiro para fazer não sei o quê pro filho. Principalmente estrangeira, como elas sofrem. Já morei com estrangeira que lavava uma roupa e rezava pra ela secar antes da outra sujar.

Contar com o poder público para alimentar-se é um pesadelo. Comida estragada e fora da validade é servida, sem dó, para as detentas. Não existe, tampouco, esforço por tornar o alimento servido mais nutritivo ou apetecível.

A falta de asseio nas celas também é um grande problema. As presas são responsáveis pela limpeza dos próprios dormitórios, então, normalmente são culpadas integralmente pela sujeira.

— Não adianta dizer que tem rato porque elas jogam o lixo no chão, porque também não existe a coleta daquele lixo. Não tem a higiene na latrina, nem educação sobre o tema — me disse uma vez Sônia Drigo, uma advogada que faz parte do grupo de estudos Mulheres Encarceradas.

Quando existe algum caso de doença contagiosa ou epidemia, os pequenos distritos policiais não sabem o que fazer. Em 2009, quando explodiu o surto da gripe H1N1, os jornais da região de Votorantim anunciaram que três presas com suspeita da doença estavam isoladas no banheiro da delegacia local. Quando Heidi, da Pastoral Carcerária, foi ao local verificar o caso, o delegado lhe disse:

— Bom, não é ideal, mas que é que eu vou fazer? Tenho duzentas pessoas num espaço de cinquenta e tenho três pessoas que preciso isolar. — Depois de ver o desespero do homem, ela ficou com a impressão de que era ele mesmo que, sem saber o que fazer, havia chamado a imprensa.

Nos presídios masculinos, situações do tipo são causa de rebeliões contínuas. Eles metem medo, exigem direitos. As mulheres são menos organizadas, mais passivas. Lideram poucas rebeliões, menos atrativas para a imprensa por sua carência de agressividade. Matam menos gente na cadeia — às vezes, passam-se meses, anos até, sem que o Ministério da Justiça registre um assassinato. Normalmente, ficam em silêncio como outras Marias Aparecidas.

Outro Pará

— Tá vindo jornalista!

— Jornalista, jornalistaaaaa...! — e o grito seguiu ecoando, em mais vozes, por todo o Pavilhão do Centro de Reeducação Feminino (CRF), de Ananindeua, no Pará.

O anúncio tinha duas funções. A primeira delas, mais óbvia, era avisar que objetos e comportamentos proibidos deviam sair de vista. A segunda era chamar aquelas mulheres entediadas para uma novidade e, por que não, um tanto de esperança?

— De quatro anos que estou aqui, nunca vi um jornalista pisar nesse lugar — afirma, embasbacada, uma moça negra, magra de doer, cheia de ossos pontudos e olhares incisivos. Mede-me de cima a baixo, sem pudores, e reclama: — Mas que tipo de repórter não tem câmera?

Retruco, envergonhada, que a ausência de registros fotográficos foi uma das condições para minha visita.

— Mas é claro! Olha pra isso aqui! Falta muita *instrutura*! Eu posso ser analfabeta, mas sei bem que isso não é lugar digno de mostrar pra um jornalista!

O cheiro forte de urina me embrulha o estômago e temo me livrar do almoço. Sigo as mãos da detenta ao redor da cela. Quase não há janelas, a umidade é crítica e o calor, proibitivo. Cortinas improvisadas de lençóis encardidos tentam garantir a privacidade de doze detentas que vivem no espaço. A luz é fraca e falha. Uma moça surda abre as cortinas, fazendo sinais e apontando buracos e infiltrações. E eu tenho que repetir: a umidade é crítica e o calor, proibitivo. Começo a pensar numa desculpa para sair dali. Resisto.

— Dona Joana, venha cá! — chama a presa magricela. — Mostra para ela o derrame que esse lugar causou em você.

A senhora obedece, passiva. Exibe o rosto parcialmente paralisado, um olho sem visão e diz que nunca foi atendida por um médico desde o ocorrido.

Outras presas se aproximam, todas as onze, acho. Me cercam, me mergulham em queixas.

— Quando chove aqui, rezamos para não dar incêndio porque a fiação, velha, sempre solta faísca.

— A comida aqui é uma lavagem.

— A descarga não funciona e fica esse cheiro de mijo!

A magricela dá um passo à frente, ergue o dedo com ares de revoltosa e começa a praguejar contra a diretora, o superintendente, o sistema e a presidenta. Acho que culpou também a imprensa e a mim, por não nos importarmos o suficiente. E, em seguida, quase me fez desmaiar:

— Eu, por exemplo, estava grávida. Perdi meu filho faz dez dias, sangrei feito porco e ninguém fez nada, não vi um médico. Agora, tô aqui cheia de febres. Vai ver o corpinho tá apodrecendo dentro de mim.

Me arrepiei e agradeci aos santos e aos orixás quando a carcereira me encontrou (havia fugido dela para conquistar um tempo a sós com as detentas). Saí pensando no corpinho e, às vezes, quando deixo a cabeça vazia, penso nele ainda.

A poucos metros dali, eu tinha acesso livre à sala da diretora do CRF, Carmen Lúcia Gomes Botelho, um local cheio de flores artificiais e bichinhos de pelúcia, um pouco menos úmido que as celas, provavelmente devido à ação de um potente ar-condicionado. Na porta, um sinal gravado em madeira estampava os dizeres: "O melhor guerreiro é aquele que consegue transformar o inimigo em amigo."

Carmen era uma mulher loiríssima, com uns olhos tão azuis que pareciam importados. Havia trabalhado por oito anos como diretora de penitenciárias masculinas e, apesar de ser uma mulher delicada e de aparência frágil, sabia empertigar o corpo e empostar a voz o suficiente para provocar respeito e até uma pontinha de temor. Os funcionários da administração do presídio pareciam ligados a ela por laços de afeto e lealdade e vi até algumas detentas defenderem a diretora quando outras reclamavam de suas políticas.

Ela havia assumido a chefia do CRF há pouco menos de um ano e já enfrentara três rebeliões que a haviam deixado boquiaberta. Isso porque, ao contrário dos presos homens, as mulheres não se escondem quando a tropa de choque invade o presídio, mas xingam os policiais, jogam neles objetos e as mais corajosas chegam até a se atirar sobre eles.

— Prefiro mil vezes uma cadeia com 30 mil homens do que uma com cem mulheres — diz ela, enfatizando as palavras para que sejam levadas a sério. — Elas são muito indisciplinadas, arrogantes e não têm medo de nada. Apesar da tropa de choque ser tão agressiva com elas quanto com eles, elas não se acovardam. Acho que a mulher é mais corajosa que o homem em todos os sentidos, ela enfrenta qualquer problema, qualquer desafio, acho que já está habituada a fazer isso fora da cadeia.

Carmen havia chegado ali com uma missão: tinha que retomar o controle do Estado sobre o presídio. O Pará não tem um crime organizado forte como os estados de São Paulo e Rio de Janeiro, mas algumas cadeias são dominadas por grupos minoritários de poderosos (ou poderosas) do tráfico. No caso do CRF, um grupo de líderes ou esposas de grandes traficantes que têm poder financeiro suficiente para ameaçar e controlar a massa. Elas eram capazes de ordenar outras a se rebelar sob o temor de terem suas famílias mortas ou sequestradas, ou mesmo agredir presas mais frágeis para obter benefícios. Ali, só trabalhavam, estudavam e tinham outros benefícios aquelas que fossem parte do grupo seleto ou próximas a ele.

Carmen escolheu uma estratégia bastante peculiar para mudar a situação. Em vez de enfrentar as líderes, ignorou-as e focou na massa oprimida. Seu plano era conquistar a confiança de um pelotão de rés primárias não violentas e protegê-las para que não tivessem mais que seguir as ordens das ditadoras do CRF. Como tinha formação em direito, adotou para si algumas funções da Defensoria Pública — que não tinha advogados suficientes para atender a todas as detentas necessitadas.

Passou uns três meses chamando presas em sua sala, uma por uma, e checando sua situação processual. No primeiro mês, soltou cerca de cinquenta mulheres que já haviam cumprido a pena, conquistado o direito à progressão ou que nem haviam sido indiciadas e não podiam estar detidas. Logo, elas passaram a ver na diretora uma aliada e não uma inimiga.

Depois, tratou de ocupar as cabeças ociosas. Ampliou a escola de modo que as 34 estudantes se transformaram em 264, quase a metade das mulheres daquela unidade. Começou a fazer levantamentos que revelaram que cerca de 70% das mulheres ali detidas estavam envolvidas com o tráfico; destas, a maioria não tinha antecedente criminal ou histórico de violência e havia apelado ao tráfico por ser muito pobre, não ter profissão ou outros meios de obter o sustento da família. Começou a matutar ideias.

"Essas são mulheres fragilizadas, sem nenhum tipo de instrução ou profissão. Tenho que dar uma alternativa ao tráfico", pensou. "Mas como posso dar qualificação profissional para uma mulher de meia-idade que tem dezesseis filhos, dez netos para sustentar, todos morando dentro de uma quitinete? Não posso prepará-la para uma indústria que não existe no Pará. Tem que ser algo que ela possa fazer em casa, cuidando dos filhos e dos netos."

O plano foi criar uma cooperativa de artesãs, ensiná-las técnicas de corte e costura, crochê, artesanato, patchwork, feitio de bonecas de pano e biscuit. Aproveitou o entusiasmo para lançar um programa de tratamento de dependência química que, à época de minha visita, tinha 85 inscritas entre as 550 detentas da unidade.

Uma semana antes de eu conhecê-la, Carmen havia tido uma forte evidência de que caminhava na direção certa. Durante um curso profissionalizante, uma presa havia tentado fugir. Levantou e pôs-se a correr em direção à porta, mas não alcançou o destino antes de ser surpreendida por suas doze companheiras de turma, que impediram sua fuga. Quando Carmen perguntou às mulheres por que haviam feito aquilo, uma delas tomou a frente e respondeu:

— Doutora, há cinco anos que estou presa, nunca tive uma oportunidade dessas. Aí vem uma e estraga? A gente não ia deixar!

O trabalho de incentivo de Carmen, naturalmente, não tornou o CRF um lugar bom de se viver. A infraestrutura é precária, há vazamentos, infiltrações, problemas de ventilação e um cheiro insuportável dos excrementos que vazam das privadas ou buracos no chão destinados a receber as necessidades do corpo. Insetos, baratas, sapos e ratos são companheiros comuns das moradoras do local.

As "prendas", presas que cometeram crimes violentos, como assassinato dos pais ou de crianças, e as odiadas "jacks" ficavam isoladas em celas desativadas por problemas estruturais. Digressão: o termo "jack" é usado para descrever estupradores e estupradoras nas prisões e surgiu da falta de estudo e habilidade linguística da massa carcerária, que entende que o famoso personagem Jack, o estripador, era, na verdade, Jack, o estuprador.

O recinto que mais me impressionou, no entanto, foi a cela destinada ao confinamento. Durante minha visita, um dos carcereiros tentou me enganar, mostrando uma cela afastada e dizendo que ela era destinada ao castigo. Uma presa, revoltada, gritou para mim:

— Mentira, mentira! Leva ela naquele buraco em que vocês nos largam para enlouquecer!

Fiquei enfurecida com a atitude do homem e pedi que outra carcereira me levasse até o local certo. Constrangida, ela me guiou até um pequeno pavilhão ao fundo do semiaberto, com quatro celas de tamanho minúsculo, munidas apenas de uma torneira de água fria e um buraco no chão. Ali, me disse a presa corajosa, elas eram deixadas, às vezes, por dez dias, comidas por mosquitos que entravam pelas grades e perturbadas pela solidão, o tédio e o silêncio.

Ao fim daquele dia, um carcereiro animado e corpulento de nome Fábio me deu uma carona até onde estava hospedada. Desabafei minha revolta. Aquilo não era lugar de manter um ser humano, castigos assim eram pior que açoite!

— Nana, me dê uma ideia de castigo alternativo e eu prometo para você que a levarei como recomendação à diretora.

— Por que não proíbem visitas por algum tempo, por exemplo?

— Aí é que está: esse castigo a vida já deu pra elas. Quase nenhuma recebe visitas.

Mara e o medo

Mara tinha uma jovialidade teimosa. Suas filhas haviam crescido, casado, a caçula completado os 30 anos, e ela mantivera aquela fascinação de quem prova da vida pela primeira vez, ávida por experiências, por amores, por festas. Jogava os cabelos longos com charme, mas sem afetação. O visual parecia bem pensado, muito delicado. Mara era toda mulher.

Foi parar no sistema penitenciário meio que por acaso e meio que por bondade. Quando uma das diretoras contou-lhe que precisava com urgência de uma médica para zelar pelos bebês da recém-inaugurada Unidade Materno-Infantil, ela engoliu o medo no centro do estômago e se ofereceu como voluntária. Por questões burocráticas, teve que aceitar remuneração — uma que estava muito aquém de sua competência, aliás.

No consultório, a doutora não faz muitas perguntas sobre as mães e, principalmente, foge dos acontecimentos que levaram as detentas até ali. Só fala dos crimes se tiver algo a ver com a saúde mental dos bebês. Ganhou rapidamente a estima de presas e funcionárias e, logo, aprendeu a lidar com o medo de rebeliões.

Eu olhava para Mara como quem observa um equivalente feminino de Drauzio Varella. Que paixão movia aquela mulher a atravessar o trânsito da cidade inteira duas vezes por semana para amar aqueles bebês que a sociedade esqueceu. Havia gente bem-intencionada e dedicada, afinal, no sistema penitenciário do Brasil. Encarava cada caso como único e olhava cada paciente além do corpo para pensar em como andavam os pequenos corações.

Havia ali uma jovem mãe que a sensibilizava especialmente. Liliane fora casada com um traficante e permaneceu apaixonada por ele mesmo depois de ser preso. Continuou visitando-o fielmente na cadeia até que os dois fizeram uma guria para criarem juntos. Para manter a casa enquanto o marido estivesse impedido, Liliane começou a traficar.

Ser pega, grávida, foi apenas o começo de suas desgraças. Nos primeiros meses de pré-natal, descobriu que tinha contraído o vírus HIV. A gestação foi delicada e o parto deveria ser cheio de cuidados. No oitavo mês, Liliane recebeu a notícia de que seu amado havia morrido na cadeia, por culpa do vírus que ameaçava a ela e à filha. Trancou-se em uma tristeza profunda e chorou por dias e dias.

Ao nascer, a pequenina foi examinada e acompanhada por Mara, que se certificou de que ela não havia herdado o vírus dos pais e nem o faria através da amamentação. Encaminhou Liliane ao banco de leite e sua filha pôde se alimentar de leite materno como mandam as melhores práticas de saúde. Se dependesse de Mara, o mundo ia ter que engolir essa menina — e para lá de saudável. E, assim, o medo de Mara foi virando algo bom.

Quanto menos virem grades

A Penitenciária do Tremembé foi planejada para homens. Seus banheiros são masculinos, suas instalações são masculinas, seus uniformes são masculinos. E, mesmo assim, observando só a estrutura, é impossível não notar que ela é habitada por mulheres.

Cada cela de porta marrom e sóbria tem um desenho colorido, uma ilustração infantil ou uma frase em grafia caprichada. "Vamos cuidar das nossas almas, que da nossa vida muitos já estão cuidando", lê-se em uma delas.

Nos murais dos corredores do presídio, estão afixados mostruários com opções de cortes e tinturas para cabelo e novas cores de esmaltes da Impala — serviços oferecidos por detentas tão caprichosas que atraem até mesmo as carcereiras e, eventualmente, funcionárias da direção do presídio.

Recortes de flores coloridas feitas de cartolina fazem um arco na entrada da escola frequentada por algumas das apenadas. As paredes são um mosaico de cor-de-rosa, amarelo, azul-bebê, verde e laranja. Até a pequena lixeira de madeira do corredor das salas de aula é pintada à mão.

Os horários para banhos de sol são escassos. Uma hora de manhã e outra à tarde. Nesses momentos, as presas organizam-se em duplas ou trios e sentam-se no chão ou nos banquinhos e mesas de concreto dispostos nos cantos do pátio. Conversam sentindo o calor sobre a pele. Algumas delas ficam imaginando a bela vista da cadeia de serras do Vale do Paraíba que o muro alto do pátio esconde. Em uma aresta, duas presas entrelaçam as pernas e trocam carícias um tanto ousadas. Outra dupla, mais discreta, toca as mãos uma da outra por debaixo da mesa.

Foi nesse lugar que Gardênia morou durante doze meses, nove anos depois de ter sido presa pela última vez.

— É mais limpinho lá, mas é muita tranca, né? Quando você sente muita dor de cabeça é porque a tranca é demais. Não fica aberto assim que você pode ir na cela da outra, não dá. Se encontrar é só no pátio lá. É mais fim de semana que fica aberto e você pode sair de manhã, mesmo que você não tiver visita, e entrar de tarde, às quatro horas. E também é fim de mundo lá, dificulta muito a visita.

A cidadezinha de Tremembé fica logo depois de Taubaté, a 138 km de São Paulo. Tem quatro penitenciárias grandes, três masculinas e uma feminina, que abrigam 10% de toda a população da cidade. O Presídio Feminino Santa Maria Eufrásia Pelletier foi construído para cem detentos, mas atualmente acolhe 199 mulheres. É casa das presas ilustres e rejeitadas pelo crime. É o último recurso de toda detenta em risco de vida. E também um presídio mais disciplinado que os demais.

— Lá nem dá muita briga não porque a polícia entra no meio, põe de castigo, dá perca. Uma discussão já dá perca: você num pode saí pra tomar banho de sol, às vezes, na perca você fica até sem receber carta.

Quando Gardênia chegou ali, fazia um bom tempo que havia deixado o marido. Antes de ser detido, ele escondera todas as drogas e dinheiro que tinham e Gardênia ficara irritadíssima. Uma madrugada, um amigo bateu em sua porta e disse que o marido preso queria ajuda para pagar um advogado.

— Eu disse: "Quer advogado? Com essa mixaria de dinheiro que ele deixou em casa ele vai ficar é lá." Porque quem faz coisa errada tem que guardar dinheiro, né? Ele não guardava. E eu já tava pra largar dele, a gente não tava se dando bem. Sabe quando você mora dentro duma casa que você não tá bem? Um dorme pro pé outro pra berada? A gente começou a brigar muito por causa de dinheiro, de droga. Ele escondia a droga de mim e se ele fosse preso que eu ia fazer? Não sabia fazer nada. Eu não ia pra avenida fazer programa, né? Depois que ele foi preso, abandonei. Não quis mais. E ele sumiu. Tanto é que hoje minhas filhas não conhecem ele.

Chegou, então, a vez de Gardênia ser presa e não ter a quem pedir ajuda para pagar o advogado. Ela não sabe dizer quantos anos Ketelyn tinha na época, às vezes diz que eram dois, às vezes, três.

— Teve uma morte na área lá que nem quero comentar sobre isso. Fui presa num um-dois-um [artigo de homicídio] e no tráfico de droga e com essa bronca tô até hoje. Quem pagou meu advogado fui eu, de dentro da cadeia, fazendo unha dos outros. Fiz unha até de guarda! Até duas, três horas da manhã eu tava lá nas unhas e nos pés das guardas lá. Aí consegui arrumar dinheiro pra pagar advogado pra fazer minha defesa. Perdi de quatro a três no júri. Por quê? Porque não tinha defesa boa, entrei no julgamento só com meu depoimento, então não tinha como ganhar. Eu lembro que tinha um jurado que chorava muito. Eu chorava e ele chorava junto. Ele achô que votou a favor de mim.

A irmã, que já cuidava dos dois filhos mais velhos de Gardênia, colocou as duas mais novas em um abrigo, Ketelyn era uma delas.

— No começo, eu fiquei sem saber onde elas tavam, que minha irmã não falou. Aí eu mandei uma carta pro juiz, perguntando, querendo saber onde tavam as meninas. Ele deu o endereço e eu passei a me corresponder com o orfanato. De princípio, só me correspondia com a diretora, que ela não queria que elas soubessem que a mãe tava presa. Depois de cinco anos, a Ketelyn escutou uma conversa e não teve como esconder mais. Passou por uma psicóloga pra poder ir me visitar. E depois de cinco anos que fui vê elas. Já tavam meio grandinhas. Hoje, uma tem 15 e a outra vai fazer 17. Na época uma tinha 2, outra tinha 3. Elas chama Darlene e Ketelyn. Aí ia pareá, né, Dariane e Darlene. Mas não deu pra pôr Dariane. Mas tá bom, já acostumei Ketelyn mesmo. Tem que acostumar, né, fazer o quê? A diretora do abrigo que levava as duas pra me ver. Ia em Tremembé, pra onde eu ia de bonde elas ia. Tem menina reeducanda que a instituição não leva os filhos pra vê não. O porquê eu num sei. Sei que eu consegui. Consegui porque eu ficava em cima da assistente social, da psicóloga, mandava ofício pro juiz. Tava no desespero já, queria ver elas. Quando elas começou a estudar, começou a escrever, pronto: se corresponderam comigo todos esses anos. Dez anos. Assim que aprenderam, começaram a escrever carta. Quando elas ia me visitar era tipo na administração. Ficava sentado você, a diretora das meninas e a diretora da cadeia. Tudo sentado escutando as conversas. Não tem muita privacidade. Era dia de semana, que dia de visita não podia. Porque elas falavam que quanto menos grade elas vê, melhor, né? Melhor pra elas, falavam. Tanto é que elas não viram grade. E quando ia falar com elas não era algemada porque era lá dentro mesmo e só algema quando vai pra fora, falar com o juiz, ou ir com os médico da rua. Mas você sabe, numa parte foi bom elas ficar nesse abrigo. Bom não é porque é trancado do mesmo jeito, é falta de liberdade. Mas, pelo menos, elas tão estudando até hoje, as menina é inteligente. Tem médico, tem oculista, tem dentista. Tem tudo por conta deles lá. E vai saber se de repente elas tão com a minha irmã acontece alguma coisa? Só tem maldade na rua. Aí eu ia ficar mais desesperada ainda, querendo saber dessas menina, como que tão, se tão indo pra escola. Deus me livre! Pelo menos, na unidade você sabe que tão trancada e que ninguém vai fazer mal, que elas tão de olho, tão cuidando. Só um abrigo que elas passou que não foi legal, colégio de freira. A dona de lá era muito ruim, deixava de castigo sem comida. Nunca vi isso. Até as pessoas que tão presa e tiver de castigo a comida é obrigada a pagar, que o governo manda a comida e tem que dar. A não ser que a pessoa não quiser e quiser jogar fora, aí é com ela. Mas só depois que elas me contaram. A mulher ia lá, levava e não saía de perto. Não dava pra elas falar. Depois que elas foram pra outro lugar, me contaram, mas já era tarde já. Já tinha fechado o abrigo. Deixava trancado no quarto escuro, elas sofria muito. Sofreu muito também essas menina, viu?

Há três anos, Gardênia foi para o regime semiaberto. Visita as filhas nas "saidinhas" e aproveita para fazer algum dinheiro trabalhando como manicure no salão de uma amiga. Na penitenciária, continua fazendo unhas, lavando roupa e fazendo faxina, para complementar a renda. Mas das drogas, as companheiras de presídio dizem que ela não se livrou. E a confusão da cabeça de Gardênia depõe contra ela também. Quando perguntei com quem estavam suas filhas, por exemplo, ela respondeu o seguinte:

— Tão com meu irmão, ele pegou a guarda delas... não, meu irmão não, aquele lá é meu filho. Eu tenho um filho de 27 anos. De outro marido — e pensou um pouco antes de continuar a explicação

— Na época que eu fui presa ele tinha 14 anos. Agora ele já tá com 27. Não faz dois mês que ele pegou elas. Meu filho... estudou pouco esse menino. Saiu da escola cedo, foi até a sétima série. Hoje ele trabalha na rua, vende refrigerante, coca-cola, essas coisas no farol, sabe? Mas ele tá atrás de outro emprego agora, ele quer arrumar um serviço numa firma. É casado. Casado! Amigado com fé casado é, né? — gargalhou alto. — Meu netinho já vai fazer 2 anos, quase 3, 2 e pouco. A esposa dele ajuda a cuidar das minhas filhas e toma conta da minha mãe, que minha mãe não anda, é um bebezão que usa fralda e tudo. Tem que dar banho nela, dar comida. Então, minha nora toma conta dela e a gente paga, né, porque também ninguém tem que trabalhar de graça. Dá a maior força. Diz que sogra não gosta da nora, mas minha nora é muito boa pra mim. Minha família não faz nada errado. A única errada sou eu — riu de novo. — Eles não pode nem saber se eu fizer coisa errada. Meu filho já falou: se eu fizer coisa errada ele vai me abandonar. Ele dá sermão pra mim. Meu filho é trabalhador.

— E você, sai quando, Gardênia?

— Num sei. Meu processo tá andando. Já montei recurso, perdi. Montei um agravo, perdi. Ultimamente só tô perdendo, não tô achando nem moeda — e interrompeu a própria fala com mais uma de suas gargalhadas.

Advogado

No corredor da Penitenciária de Sant'Anna:
— Você tem que me ajudar. A Justiça não quer me deixar ver meu filho, como podem tirar meu filho de mim?
— E seu advogado, o que ele diz? — pergunta a guarda.
— Advogado não tenho. Meu advogado é Deus.

O efeito Suzane

Está perto das dez horas e a manhã fria de Tremembé começa a nos pregar uma peça. A corrente de ar gelada continua vindo do pátio da penitenciária e entrando pela porta da oficina de trabalho, mas o sol queima ardido nas telhas de metal sobre as nossas cabeças.

    Suzane mantém seu moletom branco e ainda sorri. A pele do rosto se franze e vai formar marcas de expressão no canto dos olhos miúdos. É bela, mas não de uma beleza estonteante. Os cabelos estão ressecados, a pele judiada. Não se ajeita ou checa a aparência, mas há sinais sutis de vaidade. As mãos sobrepostas na mesa se mexem educadamente, mostrando unhas decoradas com circunspectas flores brancas e pontinhos de *glitter* miúdos. A frente dos cabelos está alisada com gel e presa com pequenas presilhas atrás das orelhas, de maneira que eles estão ainda soltos e graciosos sobre os ombros, mas não estorvam seu trabalho caindo sobre os olhos. As calças azuis acabam em tênis brancos perfeitamente limpos. O cheiro combina com a figura. Leve e discreto aroma de sabonete e xampu. Evita movimentos bruscos ou ansiosos. Faz biquinho quando fala. Seu tom de voz é sempre suave. Não fere os sentidos, não choca. Ela se ajusta, se acomoda, se adapta tão bem aos olhos que dificilmente passaria despercebida.

— Quantas mochilas vocês conseguem me entregar até o final do mês? — pergunta uma funcionária.

— Anna Carolina — Suzane chama num tom educado, mas senhoril —, quantas mochilas?

A moça deixa de lado o trabalho de acabamento que estava fazendo escondida entre as máquinas de costura. Levanta e vem em nossa direção com aquela postura intimidadora e assustada que eu havia tanto visto na Penitenciária de Sant'Anna (a personagem de que Júlia havia me falado, a personagem que elas representam quando precisam parecer tão perigosas quanto tudo ao seu redor). E vimos se aproximar uma Anna Carolina Jatobá acanhada, com sinais de exaustão, que há pouco havia voltado do julgamento em que tinha sido condenada a 26 anos e oito meses de prisão por assassinar a menina Isabela Nardoni, sua enteada.

— Não tem como saber. Comecei hoje — tudo o que quer é voltar a se esconder sob seu véu da invisibilidade atrás da máquina de costura.

— Mas quantas você fez até agora? — insiste a funcionária.

— Quatro.

— Consegue fazer mais até o fim do dia?

Replica com uma insolência tímida, como se a resposta fosse óbvia:

— Mas é claro.

Suzane acha por bem intervir:

— Sabe, doutora, com o aprendizado, a produtividade delas aumenta. Veja os bichinhos de pano: no começo, vinham com muitas falhas e hoje quase não têm nenhuma. — É como se fosse um certificado de qualidade: — Eu mesma os tenho checado.

Na oficina da Fundação de Amparo ao Preso, Suzane von Richthofen é chefe de Jatobá. É ela quem coordena a divisão de trabalho entre as detentas, fiscaliza a qualidade do que fazem, se encarrega dos pedidos mais difíceis e mais exclusivos. Suzane é o braço direito da monitora da oficina.

— A Suzane? — ela diz a um dos presentes. — A Suzane é mil! — e põe o braço em volta do seu ombro. — Digo que essa menina é Bombril porque faz de tudo aqui. Faz tudo e faz com perfeição. Confio muito na qualidade do seu trabalho. Uma vez, pra você ver, tive que me afastar por três meses e a Suzane ficou aqui e cuidou de tudo no meu lugar. Não tive nenhum problema.

A monitora é uma mulher na faixa dos 50 anos, com um jeito maternal, mas de maneira alguma uma mulher ingênua. Onde quer que vá, Suzane a segue e atende a todos os seus pedidos com a maior solicitude que uma pessoa pode ter. Em retorno, a monitora não lhe poupa elogios ou votos de confiança. Quando apresenta Suzane às pessoas, faz isso como se todos nós já não conhecêssemos a história da universitária de classe média que tramou o assassinato dos pais. E ela repete o gesto. Sorri e estende a mão em um "prazer, Suzane". Todos entram no jogo e evitam olhá-la demais ou com curiosidade.

Não é tão difícil, já que Suzane não é a única celebridade da sala. A Penitenciária Feminina Santa Maria Eufrásia Pelletier, popularmente chamada de Penitenciária do Tremembé, é conhecida por abrigar presas famosas. Estão ali aquelas mulheres cujos delitos são abomináveis até mesmo para o mundo do crime. São infanticidas, como Jatobá, e parricidas, como Suzane, que, se misturadas com presas comuns, seriam provavelmente linchadas até a morte. São presas que fizeram manchetes, que chocaram multidões. Sobressaem-se, principalmente, entre as mulheres, para quem os crimes violentos são incomuns. Em 2000, o Departamento de Homicídios e Proteção à Pessoa da Polícia Civil do Estado de São Paulo salientou que, dos 5 mil homicídios cometidos na capital, só um foi de autoria feminina. As detentas cruéis são, mesmo na cadeia, mulheres-tabu.

Ali, Suzane se mistura e tem espaço para se destacar. Ela e a monitora apresentam seu trabalho numa atitude coordenada e de uma intimidade, respeito e — por que não? — carinho admiráveis. Quando se afastam, Suzane checa o que algumas presas estão fazendo e depois entra em uma conversa com a guarda da oficina. Ficam falando por uns vinte minutos.

Percebendo que eu estou admirada com a fascinação que Suzane gera em todos ao redor, uma das presentes se aproxima e diz ao meu ouvido, como quem quer oferecer uma explicação:

— Sabe, ela é tão perfeita que isso só pode fazer parte da psicopatia dela. Ninguém normal é perfeito desse jeito.

Durante a minha visita de quase duas horas, a palavra "perfeita" e o nome "Suzane" estiveram juntos — e ditos por pessoas diferentes — em quatro ocasiões. O efeito Suzane não é coisa nova. Quando foi detida, Suzane era arrogante, altiva, não se misturava. Tinha uma dissimulação óbvia. Mas os quase oito anos de cadeia[14] foram moldando a sua personalidade. Aqueles que não a viam há muito tempo se admiravam.

— Estou impressionada com a nova postura dela. Que aconteceu com aquele andar de modelo na passarela? — ouço um cochicho.

---

[14] À época de nosso encontro. O caso de cada presa está congelado no momento em que nos conhecemos.

Quem não conhecesse sua história, facilmente a consideraria uma das pessoas mais adoráveis de qualquer ambiente. Na Penitenciária Feminina da Capital, ou Carandiru Feminino como é mais conhecido, não foi diferente. Um médico do departamento de saúde local teve que ser afastado do trabalho porque estava encantado por Suzane. Trazia lanches do McDonald's, já que ela não gostava da comida do presídio, deixava que ela gozasse de um esquema privilegiado para que não precisasse se misturar com o resto da população carcerária. Ela saía da cela antes das outras detentas, seguia para o setor de saúde e ali ficava até que a última delas fosse recolhida. Não se sabe se tiveram de fato um caso, mas o encantamento que ela gerara nele já foi o suficiente para metê-lo em problemas.

Em 24 de agosto de 2004, alguns funcionários e advogados presenciaram uma cena surpreendente na mesma Penitenciária Feminina da Capital. Depois de ver fracassar seu plano de execução de duas detentas, presas integrantes do PCC se amotinaram. O resultado não foi bonito: uma funcionária foi espancada, outras tomadas reféns e uma detenta, que nada tinha a ver com o assunto, acabou assassinada a facadas.

Quando a rebelião explodiu, Suzane, que estava detida ali na ocasião, correu para se esconder no banheiro do presídio, receosa de que as outras detentas a machucassem. Colocou braços e pernas sobre o vaso sanitário, para que ninguém soubesse que estava ali, e assim ficou durante o resto da tarde e a noite e manhã que se seguiram.

Do lado de fora, imprensa e advogado de Suzane imaginavam, por quase todo o tempo, que ela fosse uma das reféns da rebelião. Denivaldo Barni, seu advogado, tutor até os 21 anos e ex-amigo de seu pai assassinado, não podia suportar a preocupação. Quando Suzane saiu do local e ele finalmente pôde ver que estava em segurança, deu-lhe um grande beijo — na boca — para quem quisesse ver.

Algumas outras histórias parecidas eu ouvi naquele dia. Homens poderosos que se renderam ao charme da garota e respondem hoje por isso. Como um promotor que foi acusado formalmente pela garota em 2009 de assediá-la e até de organizar para ela um jantar romântico com luz de velas e música ambiente. O andar do processo é segredo de Justiça. Apesar das negações veementes do promotor, nos bastidores, os funcionários acreditam que a história é verdadeira. "Ele a levava ao seu gabinete para vê-la", me disse um. "Estava apaixonado por ela", comentou outro. "Sim, sei, o promotor que era louco pela Suzane", me respondeu mais um. Se acreditam porque é verdade ou porque a garota foi convincente na acusação, não se sabe. De toda forma, mais alguém nesta história — ou "alguéns" — está encantado por Suzane.

Anos depois, ela se casaria formalmente com a sequestradora Sandra Regina Gomes, mas à época já se murmurava que ela também havia conquistado o amor e a proteção de mulheres no decorrer da pena. Elas também não passavam impunes.

* * *

O sol vai subindo a pino. As cortinas amarelas com bolas de futebol bordadas à mão continuam voando no alto da sala e o vento vem se espalhando pelas 49 máquinas de costura até chegar ao pequeno altar na outra ponta do galpão. Nele repousam um São Longuinho — santo oportuno para uma oficina artesanal com tantos objetos mínimos — e, ironicamente, uma Nossa Senhora, mãe símbolo de todas as mães nesse país católico, e um São José, seu marido, acalentando um bebê Jesus amorosamente nos braços.

E as malditas telhas de metal começam a arder mais forte e minha nuca passa a sentir os seus efeitos. Pergunto:

— Suzane, você pode me conseguir um elástico ou fita para eu amarrar o cabelo, por favor?

Cerimoniosa como se recebesse uma ordem muito importante, ela segura firme no meu braço, olha fundo nos meus olhos e diz:

— Com certeza.

Um minuto depois, volta com um elástico na mão. Mede ele numa presilha de cabelo para que não tenham tamanhos muito diferentes, dá um nó apertado na ponta e, com uma tesoura, apara as sobras.

— Suzane, você não precisa se preocupar com um detalhe tão pequeno.

E ela abre seu sorriso mais largo e diz:

— Não queremos que um fiapo de pano branco fique estragando seu penteado, né? — e me estende o elástico.

Eu havia entendido o efeito Suzane.

Instinto

É madrugada, uma ou duas da manhã, e Júlia tem mais uma crise de pânico. Uma das guardas a socorre. No caminho de volta para a cela, ela diz baixinho para Júlia:

— Posso te dar um abraço?

— A senhora é louca?! As presas não podem ter esse relacionamento polícia-presa. O crime não aceita isso. Se eu estou amiguinha de uma guarda, vão achar que é porque estou entregando alguém, ou coisa do tipo.

Não deu ouvidos. Deu nela um semiabraço e, quando viu que algumas garotas olhavam das celas, gritou:

— Segura, segura! A menina está caindo de doente!

Pedra bruta

Quando Safira e a Portuguesa chegaram à Penitenciária Feminina de Sant'Anna, as paredes ainda estavam sendo pintadas. Eram as primeiras presas que morariam no lugar, antiga Penitenciária (masculina) do Estado. Safira fora transferida para lá porque nenhum outro lugar a aceitara. "Falou Safira era problema", como ela mesma costuma dizer.

Tinha passado por muito para chegar ali com aquela personalidade. Saiu do distrito policial e ficou sete meses em cadeia pública antes de ir para uma penitenciária. Como a maioria das detentas, ela caiu em depressão assim que chegou. Não comia bem, não dormia bem, só chorava. Já na primeira semana de cadeia, brigou com algumas presas.

— Queriam me machucar porque cheguei novinha, toda bonitinha. Elas olharam a minha aparência e falaram "vamos naquela ali que ela é otária". E eu saí na mão umas duas, três vezes. Tive que mostrar que não era boba.

Cada x, como elas chamam as celas, abrigava dez mulheres. Todas elas tinham que colaborar com 30 ou 40 reais para que a "barraqueira", a mais velha do x, comprasse e administrasse a comida do grupo. E quem não pagasse, não comia — ou tinha que se virar com a lavagem dada pela cadeia.

— Aí conheci a Adriana e a Di (o nome dela era Edileuza), que me instruíram muito. Eu fui morar num x que tinha umas meninas muito humildes. Teve uma que foi minha mãe, outra minha irmã, outra que foi minha tia. Foram minhas amigas em algumas situações que acontece. Aprendi a me defender lá dentro, a criar um personagem. Porque a gente acaba colocando alguém que a gente não conhece pra viver lá dentro.

Logo se envolveu com facções criminosas, passou a incitar rebeliões. As encrencas que arrumou atrasaram a progressão de sua pena para uma mais leve. Safira era ré primária de crime não hediondo e tinha direito a pedir transferência para o regime semiaberto com um sexto da pena cumprida, ou liberdade condicional com um terço, no caso dela, quatro anos.

— As guarda têm as regras delas, e nós, as nossas. Tem um monte de coisas que não podemos fazer e chamamos isso de disciplina. E quem sair dessa disciplina é cobrada. E cada ação tem sua reação. Por isso que existem as facções dentro dos presídios. Elas sempre têm uma pessoa que vai estar ali falando o que devemos fazer. E o crime mais grave de todos é matar criança. É inadmissível no nosso meio. Quando a Jatobá [Anna Carolina Jatobá] chegou para passar um dia ou dois lá na cadeia que eu tava, parecia que ia ter rebelião. Uma vez, fui mandada pra Penitenciária do Tremembé que, aos nossos olhos, tinha umas pessoas que não eram boas. E eu não quis ficar lá. Aí baguncei, falei pra diretora que ia fazer acontecer e ela me deu bonde e eu fui pra Penitenciária da Capital.

Um mês depois de chegar ali, envolveu-se em uma rebelião. Foi mandada para a "tranca", ou o Regime Disciplinar Diferenciado (RDD), por onze meses. Em maio de 2006, envolveu-se em outra.

— Eu estava assim né, lá na frente, envolvida com tudo. Tava ali na megarrebelião, tava só por Deus! — ela conta, entusiasmada.

Depois disso, Safira ficou zanzando de um canto para o outro até ser mandada para mais 240 dias na tranca. Conta que chegaram a cogitar que ela cumprisse os sete anos que faltavam de sua pena ali, porque penitenciária nenhuma queria aceitá-la.

Sua rotina no lugar era pesada. Tomava apenas uma hora de sol por dia — trinta minutos quando o anexo estava muito cheio. Em fins de semana, não havia banho de sol algum. A cela era individual, sem rádio, televisão ou sequer direito a cartas de outras presas. Se tivesse uma visita de fora, ia algemada. Gastava seu tempo lendo e escrevendo, o que gostava muito de fazer. O livro mais consultado era a Bíblia.

— Ali eu chamo de deserto [se refere ao deserto bíblico no qual Jesus teria passado quarenta dias em jejum e meditação]. O deserto onde eu tive que passar, onde Deus começou a moldar o meu caráter, moldar a minha vida. Eu tive ali uma reflexão. Pensei: "O que eu consegui? Não ganhei nada com o que fiz." Dali em diante, eu comecei a traçar alguns planos pra minha vida.

Conversou com o pai dos filhos dela que, na ocasião, não estava mais com as crianças, e o convenceu a cuidar deles. Refez a relação com a mãe, o pai e os irmãos. Passou a usar vocabulário evangélico e a andar com a Bíblia embaixo do braço.

— Quem ia acreditar que eu tinha mudado? Encontrei muita dificuldade. As pessoas da diretoria que me viam no passado pensavam: "Jamais, ela nunca vai mudar."

Até que o diretor-geral da Penitenciária de Sant'Anna, dr. Maurício Guarnieri, autorizou que Safira fosse levada para lá. Quando chegou, pediu para conversar com ela.

— Se você mostrar que mudou, eu vou te ajudar.

Em dois meses, ela arrumou um emprego. Quase um ano depois, por bom comportamento, conseguiu progressão para o regime semiaberto.

— Eu quero sair daqui, construir uma família, conquistar tudo novamente como eu sempre fiz desde novinha, desde meus 12 anos. Mas o apoio é muito importante, as pessoas não têm noção disso. Porque vou falar pra senhora, se meu pai, minha mãe e minha família hoje não apoia, eu ia pra onde? Eu ia procurar as amizades que eu tinha antigas. Eu mesma já tive muitas oportunidades [de voltar pro crime]. Achei até engraçado. Chegaram e falaram: "Você tá dando um trampo?" E eu achei que eles tava perguntando se eu tava trabalhando. "Tô." "Então, tem uma caminhada aí, vamo ali buscá, 40 mil reais." "Quê?! Não, acho que você tá enganado. Já era a vida do crime pra mim." Pelo jeito vai ser difícil, né? Mas vou ter que ter força de vontade.

Brigada com a morte

Fazia pouco menos de um ano que Camila estava na Penitenciária Feminina do Butantã quando a psicóloga da unidade a chamou para conversar pela primeira vez.

— Camila, você sabe que há três anos sua mãe é falecida?
— Sei.
— Então por que você continua colocando ela no seu rol de visitas?
— Porque ela me visita sempre. Eu sou assim: sou brigada com a morte.

Desespero

As presas já andavam cabreiras com o jeito de Amélia. A mulher caminhava sem rumo feito alma penada e chorava de um jeito de acordar o sentimento de gente de coração morto pelo crime. Estava deprimida, era óbvio. Deprimida daquele jeito que até médico não garante tratamento.

Lá no Presídio Feminino do Distrito Federal, onde vivia, os agentes carcerários, meio preguiçosos, meio desmotivados e de todo insensíveis, não gostavam de gastar seu tempo levando ninguém para psiquiatra. Tratavam mal visita, que era inocente perante a lei, imagina as presas. Ninguém se moveu para ajudar a moça.

Certo dia, quando as celas estavam abertas, ela saiu em alta velocidade pelo corredor gritando, desvairada, implorando por ajuda. Parou de joelhos aos pés do carcereiro de plantão e pediu para ver um médico de cabeça antes que fosse tarde demais. O homem dirigiu a ela um olhar sem vida e mandou que voltasse pra cela, dormisse e deixasse de escândalo. Ela saiu correndo no mesmo desespero em que havia chegado.

As outras presas intercederam, disseram que o caso da moça era mesmo grave e insistiram para que o homem a levasse à urgência do hospital. Nada.

Quando voltaram à cela para ver se podiam ajudar em algo a companheira, quase desfaleceram. Amélia havia se enforcado, como outras antes dela, na grade da janela.

O um-dois-um de Gardênia

— Com quantas presas você teve oportunidade de conversar para escrever esse seu livro?

A pergunta pesou no peito como uma espécie de acusação por minha tendência a julgamentos rápidos. Vinha de uma das profissionais mais sérias que eu havia conhecido no sistema penitenciário.

— Atuo dentro dos presídios paulistas há mais de trinta anos e não me considero especialista em presídios — prosseguiu. — Sei que você é inteligente, deve ter lido muito sobre o tema e entrevistado muita gente. Mas para você conhecer uma pessoa, precisa de tempo. Precisa comer um pacote de sal juntos, como dizia o meu pai. As histórias que ouviu, foram as que elas quiseram te contar. Histórias em que elas acreditam porque repetiram muitas vezes, visando a liberdade. Ou seja: são ficções. O pior ser humano dentro da cadeia se considera vítima, injustiçado.

Toda a realidade está imersa em ficção — especialmente quando há culpa envolvida. Não que eu não soubesse disso antes dessa bronca, mas é fácil se deixar levar por simpatias pessoais e, principalmente, por histórias bem contadas. Como também é fácil parecer doce e inofensivo quando se está encarcerado. Eu tinha que me vigiar para não criar um livro sobre vítimas — as próprias presas não gostariam disso. Ao mesmo tempo, não cair no engano de pintar pessoas como personagens de filmes em que mocinhos e bandidos nascem prontos e cheios de bem ou de mal.

O momento mais duro em que essa balança se pôs diante de mim se deu alguns meses depois de minhas visitas à oficina de trabalho da Funap, no centro de São Paulo. Resolvi consultar os processos das mulheres que eu havia entrevistado para averiguar a versão da Justiça sobre seus casos. Fiz questão de lê-los algum tempo depois de as entrevistas terem terminado — não queria ir para as conversas com nenhum viés. Assim, conheci as inconsistências do processo de Camila, a provável cumplicidade de Júlia com o ex-namorado — talvez por medo, talvez por amor, como ela havia me contado —, os detalhes sórdidos do sequestro em que Vera esteve envolvida. Chegaram em minhas mãos, então, os documentos de Gardênia.

Àquela altura, eu havia me afeiçoado por seu jeito desparafusado e suas gargalhadas sem motivo. Encontrei Gardênia muitas vezes no refeitório da Funap, tive com ela um punhado de conversas interessantes e meio sem pé nem cabeça. Em muitas delas, ela fez referência ao "Um-dois-um, uma fita aí que dizem que eu fiz". Sempre, porém, se negou a me falar do que se tratava, por mais que eu insistisse. A maior parte da pena de Gardênia, no entanto, se referia a este artigo 121 do Código Penal ao qual ela respondia, o artigo referente ao homicídio.

Quando abri o documento, comecei a tremer. Não podia acreditar que aquela mulher risonha que eu conhecera tinha sido capaz de algo tão torpe. De repente, os pontos se juntaram. Fez sentido que ela tivesse cumprido pena em Tremembé.

Gardênia era acusada de assassinar uma criança. Não qualquer criança, vale ressaltar, mas o próprio filho.

Imediatamente, busquei a justificativa da loucura. Gardênia, claramente, não era sã. E não é improvável que estivesse sob o efeito de drogas. Já as primeiras linhas do processo me negavam essa esperança, contudo.

"PODER JUDICIÁRIO
TRIBUNAL DE JUSTIÇA DO ESTADO DE SÃO PAULO

ACÓRDÃO
(...) Ao relatório da respeitável sentença de folhas 288, que se adota, acrescenta-se que realizado exame de dependência toxicológica em Gardênia (...). Convertido o julgamento em diligência para verificação de eventual dependência toxicológica por parte da denunciada, os peritos concluíram pela sua plena higidez mental (laudo de folhas 52/55)."

Segundo a denúncia, o crime havia ocorrido em 25 de junho de 1997, por volta das quatro horas da tarde, em uma residência, provavelmente a dela mesma. O relator do caso seguia concluindo que "com inequívoco ânimo homicida", Gardênia havia matado seu filhinho de 4 anos, "por motivo fútil e com o emprego de meio cruel, mediante diversos golpes com um pedaço de madeira, que produziram-lhe a lesão descrita no laudo necroscópico".

Aparentemente, o garotinho havia recorrido à mãe por sentir intensa dor de barriga. Depois de algumas queixas seguidas, Gardênia teria ordenado:

— Cala a boca e para de frescura!

O filho insistiu, chorando, gritando. Ela não suportava mais aquele barulho. Deixou-se consumir pela raiva do mundo, afirmava o relator, provavelmente transferindo para o pequenino a culpa de todos os seus infortúnios naquele momento.

Capturou um pedaço de pau que estava ao alcance e acertou a criança com um golpe. Os gritos aumentaram. Ele não havia entendido que apanhara para parar de gritar? Deu-lhe outro golpe e outro, até que cada paulada saísse automática, fria, sem reflexão. Até que o amor de mãe, a humanidade, a inocência da criança, tudo fosse esquecido.

Quando deu por si, o corpinho já estava imóvel.

Na chegada da polícia, Gardênia valeu-se do direito de permanecer calada. Só foi dar sua versão dos fatos em juízo, dias depois. Afirmou que o pequeno Willian, assim se chamava seu filho, reclamava de dores abdominais desde o dia anterior. Alegou ter feito massagens com um composto caseiro de alho e óleo, sem sucesso. Com o tempo, as dores do menino haviam piorado. Ele passou a soltar um líquido escuro das narinas e cerrou os dentes; os pés e as mãos começaram a ficar gelados.

Com a ajuda da mãe e da vizinha, teria levado o garoto ao hospital, onde faleceu. Desnorteada, Gardênia teria se dopado de calmantes, o que impediu que ela desse um testemunho coeso à hora da apreensão.

O laudo necroscópico feito no corpinho de Willian afirmava que a causa mortis era inconclusiva, mas dava como certo que o garoto havia sofrido espancamento na região abdominal, o que poderia ter causado a hemorragia interna aguda, provável causadora da morte. Ao processo, foram anexadas fotos das lesões, as quais não recebi e tampouco fui atrás para ver mais tarde — certas cenas sequestram pedaços de nossa humanidade para sempre e são melhores nunca vistas.

Não foram as conclusões médicas que levaram à condenação de Gardênia, contudo, mas as "declarações harmônicas e coesas" de quatro testemunhas. A versão dela ficou isolada. O relator até admitia que talvez Gardênia não tivesse a intenção clara de matar o garoto, mas assumiu o risco de fazê-lo.

Ó, Gardênia, iria eu, entre tantos, acreditar na sua versão? Será que você mesma sabia se havia matado ou não Willian ou estava tão drogada que não lembra dos fatos? Seria para isso que queria meu gravador emprestado para registrar o que diz no sono? Será que assim se daria a conhecer a verdade?

Obviamente existiam pessoas capazes de fazer algo do tipo, mas Gardênia? Pessoas abstratas fazem coisas cruéis assim, não essa gente de carne e osso com quem a gente bate papo e gargalha num refeitório. Ou faz?

Inocente

— Sabe, Heidi, eu escuto tantas histórias. As presas sempre se justificam, e eu fico sem saber quando posso acreditar.

— Quando pode acreditar totalmente? Nunca. Existem muitas verdades no mundo: a verdade da presa, a verdade do juiz, a verdade da vítima. E não é que ela está mentindo, mas é que, na cabeça dela, aquilo é verdade. É a verdade da qual ela se convenceu. Outro dia tive uma conversa fascinante com uma moça que está respondendo por sequestro. Ela disse: "Não, eu tenho fé que vou embora quando chegar o julgamento." "Por quê?" "Porque eu já estou há sete meses aqui, mas eu não fiz o sequestro." "Qual foi sua parte, então?" "Ah, eu dei café da manhã, às vezes falava com a vítima, mas ela não pode me reconhecer." Claro que podia, reconhecer a voz, o corpo. "Mas eu não sequestrei", ela dizia. Porque, na cabeça dela, o sequestro aconteceu na hora que pegaram a mulher e colocaram no cativeiro. E eu falei: "Mas a mulher ficou quanto tempo com vocês?" "Seis meses." "Você percebe que essa mulher vai carregar isso para o resto da vida? E que a família também ficou traumatizada por seis meses sem saber nada dela? Você tem filhos?" "Tenho." "E se alguém fizesse isso com um dos seus filhos?" "Ah! Eu me mataria." E quer saber? Ainda assim se achava inocente do sequestro.

Inocente II

Uma vez, a Camila me disse:
— Depois que você vai presa, pode implorar, chorar, que ninguém acredita que você é inocente. Que nem aquela menina outro dia, que foi presa porque "deu mamadeira com droga pro bebê". Aí quando descobriram que não era droga, era amoxilina, ela já tinha quase morrido na cadeia, já tinha ficado cega de tanto as meninas baterem. E o bebê nem morreu da amoxilina, morreu da doença que ela tava tratando com o remédio. Ela falava pra elas assim: "Nem eu uso droga, como eu ia dar pro meu filho? Nunca, nunca!" E elas não queriam saber, batiam. Estouraram os tímpanos dela. Eu entrei em pânico de ver aquele desespero dela. Assistir aquela cena horrível. E você pode gritar "não fui eu, não fui eu". E ninguém acredita. As presas e os policiais. Ninguém. E ela era inocente.

Romance de cadeia

Safira dá uma gargalhada altíssima. Percebo que a minha pergunta, tão séria para algumas presas, soa ridícula para ela. A frase "é difícil ficar sem sexo por tantos anos?" vai se dissolvendo no riso.

— Não podia namorar, mas nós dava um jeitinho — e ri mais um pouco. — No feminino, aqui em São Paulo, só tem visita íntima é na Penitenciária da Capital e Tremembé. O restante não tem. Aí a gente tem que improvisar. Tem que fugir pra um cantinho, porque se as guarda pegar, você vai de castigo.

— Ok, lá dentro vocês se escondem. Mas como é que arrumam um namorado se estão presas o tempo todo, no meio de um monte de mulheres?

— Uhhhhhhhhhhhhhhh — ri mais ainda. — Eu era cocotinha, fia, mandava foto! Sempre! Eu namorei nesse período todo o tempo. Arrumava um namorado, não deu certo, arrumava outro. Arrumava eles por telefone.

Júlia a interrompe com um olhar de censura:

— Acho melhor você explicar para ela que o celular é proibido, Safira.

Ela não liga muito para a bronca e continua:

— Sim, o telefone é proibido, mas a gente que é preso, né?, sempre dá um jeitinho. Sempre alguém apresenta alguém. "Minha amiga, fulana de tal", "Manda uma foto". E a gente acaba arrumando alguém assim, que vai lá visitar a gente. Pelo menos eu sempre arrumei, né? — se vangloria, estufando o peito. — Eu tive sempre uns bonitinhos assim. Tive um moreno do olho verde, alto. Forte. Já tive loiro do olho azul. Eu era danadinha!

E foi assim que eu descobri que o famigerado celular, além de arma poderosa das facções criminosas, tem uma função bem inofensiva nos presídios: ajudar no drible à falta de visita íntima.

O direito ao sexo nos presídios é uma história bem singular (e revoltante). Desde 1984, a Lei de Execução Penal garante como um direito "dos condenados e dos presos provisórios" a visita de seu cônjuge. Existe alguma discussão sobre o texto, se de fato a "visita do cônjuge" pressupõe a continuidade da vida sexual ou não. Mas, nos presídios masculinos, entendeu-se que, direito ou benefício, a visita íntima deveria ser concedida — afinal, não pensavam em maneiras mais eficientes de conter o "natural instinto violento masculino" do que saciando "o incontrolável impulso sexual intrinsecamente masculino". Curiosamente, mesmo que a lei não fale de gêneros em nenhum momento desse artigo, a administração penitenciária entendeu que esse era somente um direito dos "condenados e presos provisórios" *homens*.

Até março de 1991, quando o Ministério da Justiça publicou uma resolução que recomendava que o direito fosse assegurado aos presos de ambos os sexos, a visita íntima foi ignorada nas prisões femininas. Em 2001, houve o primeiro encontro do Grupo de Estudos e Trabalhos Mulheres Encarceradas, em que as ativistas conseguiram um compromisso dos diretores de unidades femininas de proporcionar a visita íntima. Fizeram levantamentos, separaram o local, traçaram as regras.

— Quando se conseguiu esse direito: cadê os homens? — conta Sônia Drigo, advogada que estava envolvida com o trabalho à época. — A gente achou que teria muito mais interessados, mas não existe companheiro pra isso. Não existe parceiro que se submeta à vergonha da revista íntima, que vá e mantenha a relação afetiva. Nossa sociedade é simplesmente (ainda) assim: a mulher é fiel ao homem e ele não é fiel à mulher. Logo, arruma outra lá fora e deixa de ir.

A Penitenciária Feminina da Capital foi a primeira da cidade de São Paulo a construir um prédio para servir de "motelzinho". Para usar o estabelecimento, o parceiro deve ser casado judicialmente com a detenta ou provar que tem um relacionamento sólido com ela — certificado por testemunhas ou filhos em comum. Quem não consegue provar a união estável fica sem visita. Depois, ele deve ir ao local e passar por uma revista profunda. Tem que tirar a roupa, agachar e, às vezes, abrir as pernas sobre um espelho para que vejam se não há drogas em seu orifício anal. A presa deve levar sua própria roupa de cama. Os dois recebem preservativos e, quando sobem para o lugar, todo mundo sabe o que estão indo fazer. Alguns casais se sentem constrangidos com isso. Na volta, a presa deve trazer os lençóis e lavá-los ela mesma. Alguns homens — raros, porém reais — visitam fielmente as suas companheiras e passam por essa rotina uma vez por mês — máximo autorizado no local. Gira em torno de 2% o número de presas que têm tamanha sorte.

A solução encontrada pelo resto dos presídios da capital paulista foi, em vez de autorizar a visita íntima oficialmente, fazer de conta que ela não existe e permitir que aconteça nas celas, como fazia Safira. Heidi acha que o recurso é problemático.

— O problema disso é que não há acesso à camisinha, remédio ou informação. Se o Estado não reconhece que acontece, ele não tem que se responsabilizar pela prevenção.

A resistência à visita íntima feminina está também relacionada a uma questão de conveniência para o Estado.

— A mulher pode visitar seu marido, engravidar dentro da cadeia e sair: o problema é dela. Se a mulher está presa, o homem a visita e ela engravida: o problema é do Estado — diz Heidi. — Tinha um delegado de Pinheiros que falava que ele ia deixar receber visita íntima na carceragem dele, mas quem tivesse visita íntima ia ter que tomar injeção anticoncepcional. E a gente falou: "Você não pode fazer isso. Não é muito prático nem sensato uma mulher engravidar na cadeia, mas é opção dela, não sua — conta Heidi.

* * *

Depois que foi para o regime semiaberto, Safira não precisou mais escrever cartas e fazer ligações clandestinas para conseguir um namorado. Com a progressão, ganha-se o direito a até cinco saídas temporárias por ano, com duração de até sete dias cada. O objetivo é preparar o preso para a reinserção social. Em uma de suas saidinhas (como as presas chamam o benefício), a moça conheceu um rapaz em uma festa, um ex-presidiário chamado Douglas.

— Eu tinha acabado de chegar, eu e meu filho, ele chegou lá todo se achando. Olhou pra minha cara, e eu bem séria, né, que sou bem séria, fui e cumprimentei ele. E ele chegou: "Ah! Bebi todas, não sei o quê." Já foi lá tipo "sou o Charles Bronson". Só que eu não dei nem confiança e ele saiu andando.

Fiel a seu novo estilo de vida, Safira foi à igreja. Subiu no púlpito a convite do pastor e foi partilhar seu testemunho. Contou, emocionada, sobre como tinha se transformado através da leitura da Bíblia durante seu castigo, seu "deserto". Sem constrangimento, chorou ao falar dos filhos, do que esperava do futuro. No fundo da assembleia, visualizou de novo o rapaz. Não era mais o malandro da festa da noite anterior. Ele parecia comovido com a história dela. Em seus olhos claros miudinhos, ela até aposta ter visto um ponto de umidade. Não parou mais de pensar nele. E ele se esforçou para que ela não parasse mesmo.

Algumas conversas de telefone depois — agora legalmente autorizadas —, Douglas se declarou para ela:

— Sempre pedi a Deus pra colocar uma menina boa na minha vida. Sabe o que eu queria?

— O quê?

— Queria namorar com você.

— Não é desse jeito. Tenho que tirar prova com Deus primeiro, se for fácil não é coisa dele.

— Quer saber? Amanhã eu vou aí. Você é muito durona!

Marcaram um encontro ao meio-dia, horário de almoço do trabalho de Safira na oficina de artesanato da Funap, na Praça da República. Ela colocou sua melhor blusa, um sapato de salto alto e saiu assim que os ponteiros do relógio se encontraram no 12. Os pés não pareciam levá-la rápido o bastante. Acelerou os passos, ignorando o incômodo dos sapatos, pisou mais forte no chão. No meio do caminho, o salto quebrou. Merda! Pelo menos, ela havia chegado ao lugar. Melhor quebrar um sapato do que um pé.

Procurou Douglas com um olhar urgente. Ele não havia chegado. Sem medo de parecer interessada demais, ligou em seu celular várias vezes. Sem resposta, ouviu até o fim cada mensagem da caixa postal.

"Meu filho, tu tá de brincadeira comigo?", pensou.

Deu 12h15. Ficou mais nervosa. Parada debaixo de uma árvore, ela sentiu o estômago embrulhar, pressentindo a decepção. Então foi premiada com um enorme cocô de pombo na roupa nova. Começou a chorar, arrancou o sapato do pé e ficou se sentindo meio ridícula, entre lágrimas, fezes e perneta de sapato.

Insistiu. Às 12h30 a mãe dele atendeu o celular. Explicou que Douglas havia esquecido o aparelho em casa e que a estava esperando no lugar errado. A senhora até tentou intermediar a conversa dos dois, entre uma ligação de orelhão e outra, mas quando o relógio marcou 12h45 Safira disse que não podia mais esperar, com aquela rigidez de horário que só os presos do regime semiaberto conhecem no Brasil:

— Preciso ir, senão vão achar que fui foragida. Se ele quiser, ele me encontra 16h30, quando eu sair.

Voltou ao trabalho, lavou a mancha e colocou a blusinha, religiosamente, no cabide, para que não sujasse novamente até o fim do dia. Fez um remendo no sapato. Cuidou de cada detalhezinho com o esmero que as mulheres aprendem a ter num primeiro encontro.

O coração ficou agitado no resto da tarde e o trabalho mal a distraía da ansiedade. Ficou imaginando cenas de filmes românticos, pensando em como seria o calor de seus lábios, a força de seus abraços, a doçura de seus carinhos... Às três da tarde, mais ou menos, os devaneios foram interrompidos pelo barulho da chuva forte batendo no telhado. Para ela, tudo parecia sinfonia.

Uma hora depois, porém, uma das garotas da oficina chega com cara de mau presságio:

— Foi você que deixou a blusinha no banheiro?

— Deixei.

— Então, tem uma pingueira ali, menina, molhou toda sua blusa.

Não era possível. Tirou a umidade da roupa no ferro e saiu correndo. Achava que ele devia ter ido embora. Quem seria louco de esperar debaixo daquela chuva? Para se certificar, ligou para a mãe dele novamente:

— Ele tá lá minha fia, mas corre que ele quase foi preso. Teve um assalto nas redondezas e o polícia viu ele dando sopa por perto e puxou os antecedentes. Viu que tinha ficha e queria prender ele!

Quando Safira chegou, Douglas estava lá. O policial havia concluído que ele não estava envolvido com o crime. Os dois se viram e começaram a rir.

— Você fez prova com Deus? — ele perguntou.

— Eu fiz. Precisa de resposta?

— Não precisa.

Começaram a namorar naquela hora.

— O Douglas é bem alto, magrelinho, tadinho, que tava doente, tem quase 1,90m. Tem olho verde, cabelinho preto liso, moreno jambo. Ele vai lá me visitar e, aos meus olhos, tá ótimo. Bonito, gosto de homem alto do olho claro. Ele é só magrelinho, mas quando eu casar, eu engordo ele. E eu tenho um namoro assim, as pessoas pode até duvidar, mas não é de cama, é namoro mesmo. Porque nós somos servos de Deus e tem que se comportar de tal maneira. Apesar de eu não ser nenhuma criança e ele também não, chega do que eu e ele fizemos de errado nas nossas vidas, né?

No caso de Safira, a religião deu uma forcinha pro Estado.

Ninho

Na Penitenciária Madre Pelletier, em Porto Alegre, uma agente penitenciária simpática comanda o "tour-cadeia".

— E aqui atrás fica o ninho de amor delas — dá uma risadinha tímida —, é ali que recebem as visitas íntimas.

Faço questão de ver como é o espaço e ela me leva até lá, sem hesitar. Ao abrir a porta, porém, a surpresa. Sim, era um ninho, mas não de amor, de gatos. Uma bolinha de pelo acinzentada de mais ou menos um mês nos dá uma mirada perigosa. Estava deitado sobre o colchão de casal, coberto com seus excrementos de toda a vida — e que poder tinha o odor dessas pequenezas.

A carcereira, constrangida, explica:

— Sabe o que é? Quase ninguém usa isso aqui... os homens não vêm visitar.

Em busca de Maria Bonita

Quando abriu o jornal e viu a foto da traficante, sentiu o mundo despencar sobre o estômago. Que mulher adorável, bela, forte! Tinha uns olhos de não-mexe-comigo, uma postura de quem sabe o que quer. Era alma pedindo reza! Conhecê-la não era uma vontade, mas uma necessidade.

Israel fez o que devia. Pesquisou o nome, encontrou a família da moça e se aproximou. Lentamente, foi declarando esse seu amor bandido. Através do pai conquistou a namorada, Elaine, que logo o incluiu no rol de visitas e passou a recebê-lo a cada quinze dias na Colmeia, nome popular do Presídio Feminino do Distrito Federal.

Conheci Israel na fila da visita, antes das sete da manhã. Ele limpava, desajeitado, as remelas dos cantos dos olhos e tentava furar a fila para encontrar logo a namorada. Que urgência a daquele rapaz! Havia brigado com o pai dela e vinha ao presídio pedir perdão.

Era feio, o Israel. Tinha o rosto marcado por espinhas e verrugas, o nariz desproporcionalmente grande e o corpo magro, magro. Malvestido que só ele. Mas era dono de um astral magnético, bem--humorado e para cima. Para qualquer mulher para quem a beleza é característica secundária, ele poderia ser um par a se considerar.

Contava sua história em voz alta, todo prosa, com orgulho do jeito que via o amor. Eu escutava risonha, achando tudo meio mentira, até que alguém na fila, que já o conhecia, confirmava a veracidade dos fatos. Tem essa: Israel era popular entre os parentes de presas.

— Gosto de mulher que é assim, feito Maria Bonita: criminosa corajosa!

Achava charmoso ser fora da lei, mas ele mesmo não tinha muita coragem de sê-lo. Vivia nas beiradas do sistema. Perdera a família cedo, fora viver na rua e vivia indo e voltando da casa de amigos e de abrigos para sem-teto. No fundo, o que ele admirava mesmo era quem tinha coragem de se rebelar contra essa sociedade que o havia cuspido fora.

Subiu a camiseta furadinha e mostrou algumas marcas de facadas:

— Essa foi lembrança da minha última mulher! Brigamos feio e ela me esfaqueou. Eu não fiz nada porque não bato em mulher. Pedi pra ela ir embora antes que eu fazia algo que me arrependia. A gente se gostava muito, brigava e se amava melhor ainda depois. Mas chegou num ponto de tanta droga e tanta briga que tinha que separar, né?

Seguiu pulando de amigo em amigo até uma posição privilegiada de fura-fila. Assim que alcancei o pátio do presídio — quase uma hora depois de Israel —, ele já estava aos beijos com sua morena que, claramente, o havia perdoado.

Eita vida de Lampião apaixonado!

Os guardas

— Heidi, a Lei de Execução Penal determina que a guarda dos presídios femininos seja toda feita por mulheres, mas isso quase nunca acontece. E eu fico pensando uma coisa: quando os carcereiros e guardas são homens, não são comuns casos de estupro?

— Forçar o sexo com violência física mesmo, não, eles não precisam disso porque existe a troca de regalias.

— Como assim?

— A presa pode até ter relações sexuais com o policial, mas ela ganha com isso. Na cabeça dela, ela não está sendo forçada, ela está tirando benefício. Por exemplo: num presídio que a gente visitou não tinha guarda feminina, só homem. E quem ficava na sala deles fazendo trabalhos era uma presa. Ela tinha seus benefícios, como acesso à internet e até jogos de computador. Eu imagino que ela tinha relação com os carcereiros, mas, para ela, ela que optou por isso, não foi obrigada. Não sei o quão frequente isso é, porque elas não contam. Se contarem, criam problemas com as outras presas que têm ciúmes e medo de que ela caguete ou traia a população porque está andando com a polícia.

Incidente

No presídio feminino de Ananindeua, no Pará, uma das grades de um pavilhão do regime fechado pedia manutenção. O funcionário contratado para executar o serviço chegou bem à hora do banho de sol das detentas. Ele tinha passado um pouco da meia-idade, mas conservava certa graça.

Bastou distrair-se na função, cerca de quinze presas voaram em cima dele, enchendo-o de beijos, chupadas no pescoço e apertões na bunda.

O pobre homem, de braços erguidos para sinalizar inocência, apenas gritava, em desespero:

— Por favor, digam à minha mulher que não foi minha culpa!

Skyline

"No meio da festa engulo a seco a pastilha entalada na garganta, enquanto sinto o cano frio do revólver na testa. Braços invisíveis me imobilizam e com o rosto colado à aspereza da parede, ouço o bater das algemas. Empurrado escada abaixo aos tropeços, quase beijo o chão da pista bombada de gente, que dança freneticamente ao som do Chemical Brothers. Chegamos na porta de saída e o vento gelado da madrugada reanima minha mente em choque. Do alto dos prédios, insone e impassível, a metrópole observa como uma grande esfinge: 'Decifra-me ou te devoro.' O guerreiro que já havia transposto tantos portais, num momento de fraqueza se deixava aprisionar! Rápida e eficiente, a viatura corta a cidade levando o seu transgressor, obstinado em seu nato instinto de rebeldia, ao encontro de seu trágico destino. Em *flashback* revejo algumas cenas de infância: as primeiras descobertas e a sensação torturante de ter nascido diferente. Na *skyline* da transexualidade fui gerado, no momento exato em que um meteoro cruzou os céus e se alojou profundamente no solo da pacata cidade onde nasci. Tendo que conviver precocemente com as adversidades, tornei-me um adolescente introvertido refugiado entre os livros, meus fiéis companheiros. Depois a faculdade e as primeiras incursões ao mundo da noite e, na sequência, o contato fatal com as drogas. Comecei a trabalhar em bares e casas noturnas e aprendi a me turbinar para me manter acordado até as sete da manhã. Fui surpreendido no momento em que engolia mais uma pastilha e oferecia outra para meu colega. Chegamos ao grande edifício e o escrivão de plantão faz um longo discurso a respeito dos vários itens que contém o artigo e eu sou informado que oferecer entorpecentes gratuitamente também é tráfico! Algemado rente ao chão, sou obrigado a permanecer deitado com o braço suspenso, enquanto um frio intenso penetra meu corpo até os ossos, e a mente ainda entorpecida divaga sobre como os animais selvagens são capturados, pássaros engaiolados, peixes fisgados, cachorros acorrentados... O guerreiro está aprisionado, mas não derrotado; apenas perdeu uma das muitas batalhas que estão por vir. Na imobilidade do cárcere, reavalia suas estratégias e sabe que agora está em solo inimigo e de guerreiro passa a guerrilheiro na estratégia da inteligência, onde o jogo é de paciência e resistência."

Lourdes Helena Moreira, transexual premiado no concurso "O direito do olhar", da Penitenciária Feminina do Tatuapé.[15] A curadoria do livro considerou o nome oficial de Lourdes e não o seu nome social. Refere-se a ele como mulher, quando, na verdade, trata-se de um homem transexual. O sistema carcerário brasileiro comete graves erros ao colocar homens trans em presídios femininos e mulheres trans em presídios masculinos, desrespeitando seus direitos à identidade sexual e sujeitando-os a situações de assédio, prostituição e até estupro. A avaliação de para onde mandar cada preso é feita com base na conferência do órgão genital, mesmo que a medicina e o Estado já reconheçam que há muitos mais fatores que determinam nossa sexualidade do que um pênis ou uma vagina.

---

[15] Do livro *O direito do olhar: Publicar para replicar* (Vários autores — Instituto de Defesa do Direito de Defesa — IDDD; Petrobras e Ministério da Cultura, São Paulo, 2009).

Ser lésbica × estar lésbica na cadeia

O táxi estava na metade do caminho para Mauá e Marcela percebeu que alguma coisa estava errada. Os amigos estavam tensos. Não devia ser coisa boa o que estavam indo fazer. De repente, um deles dá voz de assalto pro taxista.

— Gente, não faz isso — ela tentou argumentar.

— Não, a gente vai! O cara bateu no nosso pai e vamos fazer ele se arrepender.

Pronto, tava metida em caso de limpar honra. Quando chegaram ao local, um dos rapazes deu uma arma na mão dela e disse que precisavam de alguém que segurasse o táxi para a fuga. Ela nem questionou. Continuou onde estava, com o revólver exatamente na posição em que o haviam colocado entre seus dedos, como decretava sua personalidade passiva. O taxista pareceu mais tranquilo de estar sozinho com ela e só tremeu quando ouviu os quatro tiros. A vingança dos rapazes estava cumprida e ele talvez só tenha sobrevivido porque Marcela intercedeu por sua vida.

Ela nunca explicou por que resolveu ajudar no assassinato. Não gosta de falar muito, nem de entrar em detalhes. Responde só o que lhe perguntam e, às vezes, foge de respostas diretas. Evita tocar as feridas. Quando conversa sobre os sofrimentos que teve, ri uma risada alta que aperta os olhos castanhos atrás dos óculos e balança os brincos compridos prateados nas orelhas.

Depois da narração breve do crime, diz que teve sorte com o depoimento do taxista. No entendimento dela, o homem percebeu que ela não participou do planejamento do assassinato e tentou ajudá-la a se safar. Ajudando ou não, Marcela foi condenada como cúmplice de homicídio e pegou nove anos e quatro meses de cadeia. Os amigos cumprirão trinta anos cada.

A família a amparou. Mandavam três ou quatro caixas de Sedex por mês com tudo de que precisasse e a visitavam todo domingo. O suporte que ela recebia gerou inveja entre as outras presas e Marcela passou a andar desconfiada e com medo de agressões. O sono era leve, interrompido, as sombras guardavam ameaças que ela não entendia. A solidão e o arrependimento fincavam a depressão cada vez mais forte no peito.

O alívio não veio por meio de pílulas, como o de Júlia, mas na ponta dos dedos e cantos dos ouvidos de Iara, uma detenta que a cobriu de atenção, segurança e companheirismo. A identificação entre as duas evoluiu para amizade, a amizade para afeto, o afeto ganhou pele, calor e cabelos entrelaçados. As noites vazias foram preenchidas por confidências, risinhos abafados entre cobertas. Iara a libertou de sua prisão interna e Marcela, que havia por toda sua vida se relacionado com homens, se apaixonou por ela.

— Na hora, você não ficou confusa com sua sexualidade? — perguntei para ela uma vez.

— Olha, eu tinha uma curiosidade. Então, juntou a fome com a vontade de comer e tá tudo certo — ri. — Mas o que mais me motivou foi a carência. Tava muito carente. E, na minha opinião, as mulheres são muito mais atenciosas, porque a gente sabe da carência de cada uma, então fica tudo mais fácil. Acho que somos mais fiéis na dificuldade também.

A homossexualidade nas prisões femininas é consideravelmente maior do que nos presídios masculinos. Em 1983, um estudo[16] já estimava que ela girasse em torno de 50%. Hoje, após uma relativa liberação sexual, o fortalecimento do movimento gay e o aumento da aceitação, os casos ficaram menos clandestinos. Isso não quer dizer, de maneira alguma, que as homossexuais cometam mais crimes, mas que, para as mulheres, ao menos na cadeia, a afetividade pode moldar — e, por que não, expandir — a sexualidade. São, em sua maioria, mulheres que se consideravam heterossexuais antes da detenção e afirmam que, ligadas pelo companheirismo, o apoio na depressão e no medo, se envolveram com outras mulheres. Nessas parcerias descobrem novos desejos e, às vezes, o amor. Algumas chegam a dizer que não são, mas "estão lésbicas".

Outra diferença com relação ao sistema masculino é que, enquanto a maioria dos homens se relaciona homossexualmente por meio da prostituição, do estupro e de aventuras passageiras, as mulheres constroem relações sólidas e de laços emocionais muito intensos. Comumente, duas mulheres envolvidas pedem transferência para a mesma cela — ao que as guardas fazem vista grossa e permitem — e compartilham tudo o que têm. O relacionamento de Marcela com Iara, por exemplo, durou um ano e quatro meses, tempo durante o qual as duas moraram juntas.

O estupro é raro. Solange, uma carcereira que trabalha na Penitenciária de Sant'Anna desde que ela passou a abrigar mu-

---

[16] A estimativa é da pesquisadora da Universidade de Brasília (UnB) Maria Auxiliadora César, no livro *Exílio da vida: o cotidiano de mulheres presidiárias* (Editora Thesaurus, 1996).

lheres, diz que só uma vez soube de um caso de estupro, em que uma detenta foi violentada com um cabo de vassoura. Mas, o que ela corriqueiramente presencia são brigas violentas por causa de ciúmes. Por exemplo, algumas detentas, mesmo casadas com homens, têm seus casos dentro da prisão. Depois da visita dos maridos, aos domingos, não é difícil encontrar uma ou outra que apanhou da namorada.

— Tem aquelas uma que se envolve e assume, e aquelas que se envolve e não conta pra ninguém, é escondidinho. Ela tenta enganar o povo, né? — conta Vera. — Mas as que curte mulher mesmo são poucas. Tem aquelas uma que eles fala que é sapatão. Sapatão, pra mim, não existe. Sapatão é quem usa 45 e tem que mandar fazer um sapato especial. Não existe a palavra "sapatão" no dicionário. É as lésbicas ativas e as lésbicas passivas, né? Tem aquelas uma que a opção dela foi aquilo ali naquele momento na cadeia, tirar uma onda, um lazer, uma curiosidade. E umas que fica porque se sente ameaçada na cadeia. Porque se você é bonita, você incomoda. Se você é muito feia, você incomoda também. Se você usa uma blusinha particular e a minha é uma branquinha velha da casa, as meninas já leva você meio assim. Rola uma inveja. E elas pensa, tipo: "Se eu ficar com uma mulher, eu vou ficar mais protegida." Porque se mexer com a minha mulher, eu vou comprar, eu vou brigar, eu não vou deixar minha mulher brigar, vamos as duas junto.

Nos presídios masculinos, os laços mais fortes de lealdade são os criados pelas facções; nos femininos, pelos casamentos. E esse companheirismo extrapola a proteção e se estende para todos os campos da sobrevivência, inclusive aos bens materiais.

— Acho que uma quer cuidar da outra, cuidar das coisas da outra. Sei lá, ou tem interesse nas coisas da outra. Tipo: "Cê tem visita, eu num tenho, cê tem as coisas, eu num tenho, vô namorar com você, então. Aí nós duas come junta, usa sabonete, xampu. Não vou nem sofrer." Pra mim é tudo sem-vergonhice — opina Gardênia. — Dos treze anos que tô presa, nunca namorei mulher. Umas sapatonas já deu em cima, mas eu não quis.

Marcela acredita que só uns 30% das detentas podem dizer, como Gardênia, que nunca se envolveram com uma mulher. As táticas de sedução são variadas e, segundo Vera, as mais irresistíveis:

— No presídio, você conversa com alguém e já toma patada. Grossa. Aí, quando você não tá bem e conversa com alguém aquela conversa sadia, que te entende direitinho, que a pessoa passa quase o mesmo que você. Nossa! Acaba se apegando. Aí começa: tudo, tudo, tuuuuudo rola! E depois tem mulher que, quando ela quer conquistar, ela conquista. Mulher vira a cabeça. Vi-ra a ca-be-ça. Mulher quando chega ni você, não tem jeito. É uma lábia muito forte. Tipo: "Tô a fim dela e ela não sabe, vou começar a pesquisar as coisas que ela gosta. Eu vou começar a chegar por esses pontos mais fracos dela, a carência dela." Quando ela vê já está envolvidíssima, atolada! Sem contar que os homens não visita e a gente precisa beijar na boca, precisa trocar carinho. Pra mim, carinho comigo mesma não funciona direito! — ri.

Hoje, o posicionamento dos funcionários em relação à homossexualidade é dúbio. Há aqueles esclarecidos e respeitosos, como a doutora Sílvia, médica do Butantã, que recomendou a uma mulher que sofria de TPM que arrumasse uma namorada.

— Ela vai te entender, te confortar. Ela só não pode ter TPM no mesmo dia que você.

E existem funcionários que repreendem os casos, torcem o nariz e dão às envolvidas apelidos maldosos como "chupa-cabras". Independentemente da opinião de cada empregado, o posicionamento oficial tem sido, há muitos anos, o de fazer um registro de má conduta no prontuário da presa que for pega em tal flagrante. Um exemplo é o prontuário de Fátima Costa que, em novembro de 1982, recebeu a seguinte anotação:

"A sentenciada Fátima Costa se encontrava na sua cela quando a sentenciada Flora dos Santos foi até lá buscar um xampu. A sentenciada Fátima pediu que a sentenciada Flora praticasse atos indecorosos e a mesma aceitou. Neste momento elas foram apreendidas pela guarda do andar que as encaminharam [sic] para o escritório na presença da supervisora. Foram levadas para a cela até segunda ordem. Punição: Falta gravíssima, proponho oito dias de cela comum e quinze dias de isolamento noturno."[17]

O preconceito tem raízes tão profundas que até supostos defensores dos direitos humanos, às vezes, se deixam complicar com suas declarações. Um caso marcante é o do jurista Rogério Greco que, em seu livro *Direitos humanos, sistema prisional e alternativas à privação de liberdade*, chega a defender que os presos conhecidamente homossexuais sejam isolados do restante da população carcerária, já que, "em regra, tinham vida promíscua (desde) fora do cárcere", e são, segundo ele, os maiores portadores de doenças sexualmente transmissíveis.

Heidi acredita que a maioria dessas mulheres, quando sai da cadeia, volta a se relacionar com homens. Para elas, trata-se apenas de uma situação temporária. Ela conta que isso, uma vez, gerou a revolta de uma das presas, homossexual assumida desde criança:

— Elas não são lésbicas, eu é que sou. Eu é que sei o que é ser lésbica. Elas não são e não podem usar o título!

---

[17] Da dissertação de mestrado em sociologia de Natália Corazza Padovani, *Vamos falar de sexo: os discursos sobre sexo em trinta anos na Penitenciária Feminina da Capital* (Unicamp, 2009).

Marcela, por sua vez, não tem receio nenhum de usar a nomenclatura:

— Não tem como eu me relacionar com homem hoje. Não sei o que mudou, mas depois que eu me envolvi com mulher, não quis mais saber de homem nenhum, elas são amantes muito melhores.

Amor em espaços de cólera

A cartinha em letra redonda e escrita adocicada chegou tão cheia de amor que Fabrícia ficou mirando a assinatura com estranheza. "De sua amiga, Fabiana."

— Amiga, sei...

Fabrícia sentia por ela um amor gostoso que dava vontade de partilhar. Dava vontade de abraçar a mãe, já idosa e nunca antes tão bem tratada. Dava vontade de beijar seu bebê, aquela criaturinha que ela tinha tido na cadeia. Dava vontade de fazer cartinhas decoradas com corações, como os adolescentes, e suspirar nos corredores da Penitenciária Madre Pelletier, de Porto Alegre, sorrindo de graça para carcereiras e até detentas carrancudas.

Fabiana tinha uma pele de chocolate e os cabelos de cachinhos espevitados. O sorriso dela era tímido e tão rasgado que parecia que a cara inteira ia explodir de vergonha e de graça. Ela era gordinha, meio insegura, delicada, mas não tinha medo de seus carinhos. A chamava de amiga só porque não sabia que era capaz de amar sexualmente outra mulher. E Fabrícia fazia questão de repetir, o tempo todo, que era mulher. Vestia-se feito homem (ou o que o povo entende como tal), mas gostava de como Deus a tinha feito. Se Ele a fez assim, tinha alguma razão, repetia para si mesma, celebrando a capacidade de gerar seus dois filhos e os lindos seios que nunca escondera.

No dia em que viu Fabiana pela primeira vez, sentiu o coração acelerar e as pernas pararam de responder a seus comandos. Toda essa emoção saiu num galanteio desajeitado:

— Ei, morena!

Que morena que nada! Precisou se aproximar como amiga para ganhar a atenção da outra. Tinha acabado de ter um bebê na prisão e decidiu apresentá-lo a Fabiana. A garota se derreteu na hora pelo pequenino e ficou feliz quando Fabrícia a convidou a ser mãe dele também.

A amizade deixou de ser o disfarce graças à sabedoria desse filho mútuo. Quando ele tinha uns seis meses, Fabrícia tentou ensiná-lo a beijar o rosto de Fabiana. O menino, como quem tivesse percebido que quem queria beijar a moça não era ele, empurrou o rosto da mãe na direção do de Fabiana. As duas se olharam com medo e com desejo. Foi um beijo desajeitado, com uma criança no meio, que começou a rir e meter os dedinhos nos lábios que brincavam à sua frente.

Elas moravam em pavilhões diferentes, mas bastava abrirem-se os portões para que corressem para se ver e entrelaçar as mãos pelo pátio. Quando era horário de tranca, Fabrícia implorava às carcereiras de plantão por uns minutinhos com a namorada. O amor das duas foi comovendo funcionárias e detentas a tal ponto que, em determinado momento, cem delas organizaram um abaixo-assinado pedindo que a diretora permitisse que as duas fossem viver juntas na mesma cela.

Fabrícia percebeu que era hora de elas se tornarem uma família. Juntou todo seu ânimo e coragem e pediu que Fabiana se casasse com ela. Fabiana solicitou um minutinho, subiu até a cela e chorou por algumas horas. Não sabia se era amor, se era medo, se era a surpresa de descobrir que, afinal, alguém a amava. Secou os olhos, voltou para Fabrícia e disse sim.

O amor tem dessas coisas de virar celebração de todos. Pelo menos, o delas teve. As detentas se organizaram para fazer as lembrancinhas, pequenos leques de dobradura em papel colorido. A direção acionou a assessoria de Direitos Humanos do sistema carcerário. Duas funcionárias, Roselena Gonçalves e Fernanda Cunha, tomaram para si a missão de organizadoras da celebração e a responsável pelo setor, Maria José Diniz, virou madrinha do casamento.

A cerimônia foi presidida por um mestre umbandista, o que as noivas acharam muito justo, já que tinham orgulho de suas raízes africanas. Os pais de Fabiana se entusiasmaram com a ideia e o pai fez questão de dizer que levaria a filha ao altar. A mãe de Fabrícia, que nunca havia aceitado que a filha fosse homossexual, era a maior preocupação. Fabrícia ficou tão nervosa que preferiu que a notícia do casamento fosse dada pela diretora do presídio, dona Marília Simões. Quase desmaiou de alegria quando soube a reação da mãe, que havia dito:

— Me digam o dia que vou levar minha filha no altar. Essa moça faz ela ser boa como nunca vi antes!

O casamento das duas foi a primeira união civil de duas mulheres presas do Rio Grande do Sul e, ao que sabemos, do Brasil. Um vestido de noiva de mangas caídas e saia rodada foi doado por uma anônima a Fabiana, e Fabrícia optou por um terno elegante.

— Entrei primeiro — conta Fabrícia — com nervosismo lá em cima. E, quando a vi entrar, era como se a tivesse visto pela primeira vez. O caminho parecia tão longe e ela estava tão linda que eu queria descer até a metade do altar e pegar ela.

E Fabiana, no seu jeitinho de menina charmosa, ficou engolindo choro de felicidade para não borrar a maquiagem.

Todos os presentes levaram para casa as lembrancinhas e um bilhetinho em que a palavra "felicidade" era repetida à exaustão.

"Lembrança de uma união que Deus abençoou.

Hoje é o dia mais feliz de nossas vidas e ficamos imensamente felizes em poder compartilhar com você nossa felicidade.

Agradecemos sua presença."

Conheci as duas uma semana após o casamento, ainda em clima de lua de mel em sua cela lilás, decorada com fotos dos filhos e da família. Elas sorriam muito, mas a realidade estava longe de ideal. O Madre Pelletier é cheio de ratos e não muito limpo e a mãe de Fabrícia andava muito doente. Além disso, ela corria o risco de perder a guarda do filho mais velho. Mas, quando fica muito difícil e ela sente vontade de chorar, Fabiana pega em sua mão e diz:

— Não se preocupa, meu tudão, vai ficar tudo bem.

E Fabrícia olha pra ela e sabe que é verdade.

A hora da estrela de Vânia

Na Penitenciária do Tremembé:

— Deixa eu te mostrar uma presa.

A diretora vai até o computador e abre uma foto. Os presentes se entreolham confusos.

— Mas esse é um homem, não?

— Não, é uma mulher.

— Ela fez cirurgia? Toma hormônios?

— Não, nasceu assim.

— Mas e os seios dela?

— Pois é, cadê os seios dela? Eu também me perguntei isso quando ela chegou aqui. Vieram me chamar dizendo que devia haver algum engano, porque tinham mandado um homem pro presídio errado. Cheguei e ela chorava tanto, estava apavorada. E eu tive que perguntar: "Escuta, aí embaixo, você tem as duas coisas?" "Não, doutora, tenho uma só." "Mas é de homem ou de mulher?" "De mulher, doutora, de mulher" — e chorou mais um pouquinho. Depois tive que chamar uma enfermeira para examiná-la, tinha que ter certeza, ela era um homem perfeito, até careca, só que mais baixo. A enfermeira veio e me disse que era tudo normal, mulher mesmo. Aí tive que perguntar também: "Mas você gosta de homem ou de mulher?" E ela: "Doutora, olha pra mim. A senhora acha que algum homem vai me querer desse jeito?"

Ela me contou que tava tão assustada porque na Penitenciária de Sant'Anna uma guarda tinha se passado por enfermeira pra examinar ela. Botou uma camisa branca e uma luva e enfiou a mão nela. Depois, ela viu a guarda no corredor e descobriu que não era enfermeira coisa nenhuma. Quando chegou aqui, me pediu para escrever uma queixa contra a guarda. Escreveu. Não deu em nada. Mandaram-na de lá pra cá porque a aparência dela dava muito problema. Tinha presa enlouquecida, um burburinho.

Aí ela veio ficar aqui. Nossa, quando chegou foi uma loucura. Tinha que se trancar na cela e ficar ali porque a mulherada se atirava nela, foi muito cobiçada. E ela me dizia que estava assustada, não queria sair e que tinha uma namorada fora. Que nada! Passou um mês e ela, que não era boba nem nada, tava namorando a presa mais bonita que a gente tinha aqui. Tudo virou uma festa, ela nunca foi tão assediada, aqui era o paraíso pra ela. Quando essa presa, a namorada, foi embora, arrumou outra logo em seguida.

— E ela respondia pelo quê?

— Tráfico. Mas ela acha que é uma das poucas que entrou na coisa por falta de opção. Ela nasceu assim e a mãe a abandonou. Um casal a adotou, mas ela acabou entrando no caminho errado. O único emprego que conseguia era de auxiliar de pedreiro, carregando peso pra lá e pra cá. E quando descobriam ainda que era mulher, demitiam-na. Aí foi traficar e acabou presa. Quando saiu, eu sabia que ia acabar voltando pra coisa. Chegou uma carta dela pra namorada aqui outro dia que dá a entender que tá de volta no tráfico. Uma pena.

— Nunca mais ela deve ter feito tanto sucesso, né? Deve ter sentido falta.

— Falta? Se você soubesse a quantidade de presa que sai em liberdade e vem depois de uma semana chorar aqui que não consegue emprego, não tem pra onde ir e me implora pra voltar, eu vou te dizer...

Continuum

Estufou o peito e pestanejou mais uma vez:

— Eu quero ver minha tia Zúlia, eu quero ver minha tia Zúlia.

Não era ela que iria compreender que, por não ter entrado ainda no rol de visitas, não poderia visitar a tia. Sabia muito mais que aquela complicação jurídica toda no topo de seu pouco mais de 1 metro e 5 anos de idade. Aquela gente boba deixava escapar o óbvio: ela queria ver "a tia Zúlia" e, como não tinha feito nada de errado, não teria por que ficar de castigo.

E ela queria fazer xixi também, queria beber água. Demandava tudo o que pudesse incomodar a funcionária da revista. A avó tentava se desculpar, nervosa.

— Você não deixa eu ir no banheilo, não deixa eu ver minha tia. Assim não tem condições! — foi perto do pé daquela guarda atrevida, baixou as calças e se aliviou ali mesmo.

— Deixa essa menina entrar, pelo amor de Deus, que não aguento mais ela aqui! — gritou a carcereira.

Seguiu vitoriosa até a administração da Penitenciária. Que excelente Dia das Crianças ela estava tendo! Três mulheres se aproximavam. Nunca tinha visto a tia Júlia, mas correu exatamente nos braços da pessoa certa.

— Ai, o seu cabelo é igualzinho o meu, só que o seu é loilo e o meu é pleto — respirava um minutinho. — Tia Zúlia, falaram que você tá plesa, olha, eu tô até ouvindo uns balulhos de corrente! Presta a atenção.

Antes que Júlia pudesse completar uma frase, passou uma mulher grávida e ela correu em sua direção, balançando os cachinhos negros:

— Ai, moça! Deixa eu ver o seu filinho na sua barriga!

E foi assim que a pequena tagarela quebrou a casca dura que a cadeia havia criado em Júlia. A esperteza dela ninguém sabia ao certo de onde vinha, mas Júlia apostava que viver na rua tinha deixado a menina mais atenta. A mãe biológica tinha nove filhos e nenhuma condição de criá-los. Quando o irmão de Júlia e sua esposa a adotaram, ela até raspava casca de banana com os dentes. De fome.

O primeiro contato que Júlia teve com a menina foi escutando a vozinha tagarelando perto do telefone:

— Que é essa voz de periquito aí?

Quando Júlia foi para o regime semiaberto e passou a trabalhar na oficina da Funap, gostava de levar almofadinhas coloridas e cachorrinhos de pano para ela. As duas se faziam companhia durante as "saidinhas", as cinco vezes no ano em que Júlia podia passar um fim de semana prolongado em casa. Nos olhinhos dela, Júlia não era a garota-problema da família: ela era um evento especial.

Era a sobrinha quem estava por perto quando, na primeira saidinha, a tia percebeu que aquela casa não era mais dela.

Chegou aliviada, olhou aquelas paredes queridas, o quarto que a mãe tinha preservado para ela. Salivou ao pensar no gosto da comida de casa e no conforto de dormir na cama — sua cama. Correu para o chuveiro, onde tomou um banho demorado. Sentiu-se limpa como não se sentia em muito tempo. A pequenininha a esperava fiel na porta do banheiro.

Foi, então, que se deu o choque. Ao abrir a gaveta, Júlia não encontrou nenhuma escova de cabelo própria para suas madeixas cacheadas. O detalhe a magoou fundo. Já não era mais a mesma coisa, nunca mais seria. Percebendo a tristeza da tia, mas sem entender muito bem de onde vinha, a garota foi logo oferecendo a escova da mãe, que morava na casa dos fundos e também tinha "cabelos de molinha, como o das duas".

Júlia seguiu arrastada pelos passinhos apressados da sobrinha, que escancarou a porta da casa dos pais de supetão. A cunhada foi surpreendida cantando e fazendo a faxina da semana, apenas de camiseta. Percebendo que Júlia a olhava constrangida, a moça disse, balançando o quadril:

— Tó.

— Tó? Você é louca? — talvez o intuito fosse brincar, quebrar o gelo, mas Júlia não havia visto graça nenhuma naquela insinuação.

— Não é assim que vocês ficam lá na cadeia, se oferecendo umas pras outras? Você não mora com uma sapatão?

— Vai pro inferno! — bateu a porta e deixou a garotinha ali mesmo, estática no meio da sala, sem entender o rebolado da mãe ou a revolta da tia.

Júlia voltou para a casa dos pais arrasada. De fato, havia dividido a cela por muito tempo com "uma sapatão". Mas ela não era lésbica. Será que este também era um novo rótulo com o qual ela ia ter que lidar de hoje em diante, não importasse quanto tempo tivesse cumprido de pena? Será que as pessoas passariam a presumir coisas sobre sua vida na cadeia até mesmo dentro de sua própria casa?

Quando chegou em casa, o irmão de Júlia foi recebido pelo relato da esposa. Foi ouvir a versão de Júlia em seguida. Havia conhecido as "sapatões" com quem a irmã morara e conversado com muitos deles. Quem sabe, todo esse tempo...

— Então quer dizer que minha mulher quer te cantar? Ou melhor: será que não era você que tava cantando a minha mulher?

A acusação foi demais para ela e, desde então, os irmãos não se falam mais. As incursões ousadas da sobrinha foram ficando mais escassas e os funcionários, tristemente, mais em paz.

Esposa?

Eu me sentei à mesa do refeitório com Vera e Marcela e, muito séria, expliquei as intenções da entrevista. Quando terminei de falar, perguntei-lhes se havia qualquer coisa que elas quisessem saber antes de começarmos. Vera deu um sorriso ladino e lançou:

— Você é casada, solteira, tá namorando...?

Explodimos em risadas gordas. E, assim, Vera praticamente impôs um clima descontraído entre nós. Sua própria personalidade fazia esse tipo de imposição. Ela é uma mulher bonachona, morena, com cabelos pretos na altura dos ombros, e tem sempre a mesma expressão marota e leve no rosto redondo. Sorri, com as bochechas ficando ainda mais rotundas nos cantos, e diz:

— Brincadeira, eu sou casada há sete anos, com uma *mulher* — enfatiza a palavra o quanto pode. — Essa eu conheci na cadeia, viveu comigo dois anos, foi embora e a gente continua até hoje. Mas sabe, né?, já tô veinha, acabadinha, gordinha, mas as meninas ainda mexe. Eu não uso um tipo de droga, nada, cigarro inclusive, nada. Bebida é de vez em quando com as amigas pra uma diversão. Tomar umas cervejinha, misturar uns vinho junto, um copo de cada lado — ri. — Mas, assim, elas mexe e eu não ligo, tô lá de boa, não fico com ninguém. Óia minha muié aqui que bonita que é.

E puxa do bolso uma foto três por quatro de uma mulher de uma gritante beleza europeia, de rosto fino, loira, pele clara e olhos de um azul intenso. Complementa, orgulhosa, que ela é loira natural e exibe um corpo escultural de 1,78 metro. Stéfani já havia se interessado sexualmente por mulheres na rua. Vera foi sua segunda namorada.

Entrou na cadeia muito jovem e sua aparência logo chamou a atenção de Vera, que a foi cativando com seu bom humor e jeito protetor. Vera, por sua vez, pirou com sua pose de menininha e seus trejeitos delicados. "Lady, lady, lady", classificou.

— Vaidosa, só anda no salto, só anda de vestido. Não põe uma calça jeans de jeito nenhum que ela fala que a calça jeans não deixa a mulher sexy, não deixa bonita — Vera conta, com um leve suspiro.

A relação das duas provou ter laços tão fortes que já durava cinco anos após Stéfani ter saído da cadeia. A esposa exibiu uma fidelidade invejável à companheira, e encontrou no amor a força para buscar uma vida honesta e sustentar Vera até que ela saísse em liberdade. Inicialmente, começou a vender produtos de beleza de uma marca popular nas favelas. Andava dia e noite, para cima e para baixo nas ruas estreitas dos bairros pobres de São Paulo. As bolhas nos pés não a atormentavam, nem as portas fechando à sua cara. O que a afastou do ofício foi a baixa lucratividade do negócio e os corriqueiros assaltos que sofria nas quebradas onde moravam suas clientes. Com o tempo, as vendas não pagavam nem o seu cachorro-quente na rua. Mesmo diante das dificuldades, nunca deixou Vera sentir falta de nada e dividia entre as duas, cuidadosamente, cada centavo ganho.

Deu-se conta, em algum momento, de que sua beleza e sua disposição física eram recursos valiosos. Aprendeu a dançar e se tornou stripper e especialista em *pole dance*. A carreira, diz Vera, a leva até para o exterior. Para complementar a renda, começou a dar aulas de dança também. Não conseguiu ainda economizar o suficiente para comprar uma casa para as duas, mas garantiu o carro e montou um quartinho para elas no fundo da casa da mãe no interior de São Paulo, um refúgio onde as duas se amam nas "saidinhas" de Vera.

Vera não tem ciúmes da profissão da esposa. A razão é a vinheta de apresentação do show, em que, para atiçar os instintos masculinos e afastar bêbados indesejados, ela já avisa que é lésbica e casada há mais de cinco anos com uma mulher. Como garantia extra, porém, ela contratou dois seguranças para evitar que os homens se aproximem após o show. E, se tudo isso não bastasse à Vera, a mulher ainda cravou:

— O dia que eu te trair, eu vou te trair com uma mulher. Não se preocupe com homem.

Os problemas do casal começaram somente quando a administração da Penitenciária do Butantã, alegando preocupação com os antecedentes criminais de Stéfani, proibiu sua entrada no presídio. Vera suspeita que a verdadeira razão da dificuldade seja o preconceito. Já que as duas não têm laços legais que comprovem o casamento, o sistema não é obrigado a permitir que se vejam.

— Agora a gente se corresponde, se fala por telefone quase todos os dias. É a vida, fazer o quê, né? Mesmo assim, eu acho que tenho mais sorte que as que têm um namorado. Porque poucas pessoas que levam um relacionamento assim a sério. Os homens, no começo da cadeia, vão um domingo sim um não, depois já passa a ir de um mês, depois já esquece. Quando vê, já arrumou outra. Será que eles cansa? Não sei. Uns abandona, acho que queriam mesmo é alguém pra lavar e passar.

A atual namorada de Marcela tem o mesmo problema. As duas se conheceram na fila do telefone. Enquanto esperavam sua vez, começaram a trocar conversas sem sentido e olhares cheios de significado. Quando chegaram ao telefone, já estavam apaixonadas. Um mês depois, a namorada foi libertada e suas visitas, proibidas.

— No meu caso, a sorte é que a minha namorada mora aqui em Itaquera, e de Itaquera pra cá é mais fácil. Ela passa aqui na hora do almoço uma vez por semana — conta Marcela, que agora trabalha na oficina da Funap, na Consolação.

Quem não tem a mesma sorte que Marcela, ou ainda está no regime fechado, conta com a fidelidade feminina. Nas penitenciárias em que a visita íntima foi liberada, uma vez que o Estado não reconhecia até recentemente o casamento homossexual, as lésbicas foram deixadas de fora. Algumas penitenciárias de São Paulo têm permitido paulatinamente a visita íntima homossexual para aqueles que têm contrato de união estável — mas ainda são poucas. Mesmo após a Resolução 175, através da qual o Conselho Nacional de Justiça autorizou que uniões estáveis homoafetivas sejam convertidas em casamento civil, as lésbicas ainda enfrentam o preconceito dos funcionários das penitenciárias, que dificultam os trâmites.

O preconceito, na realidade, é tão institucionalizado que a própria resolução do Ministério da Justiça que determinava que o direito à visita íntima deveria ser concedido às mulheres colocava o benefício como uma maneira de combater a homossexualidade. O documento dizia:

"(...) não se pode desconhecer a grave problemática que os estabelecimentos penais enfrentam tocantemente à abstinência sexual dos presos, geradora não só de danos fisiológicos pessoais, como de desvios propiciantes da larga prática de homossexualismo."[18]

Nas penitenciárias em que a visita íntima ainda é feita no "faz de conta que você não faz e a gente faz de conta que não vê", como na Penitenciária de Sant'Anna, as mulheres, assim como os homens, fazem suas visitas nas celas.

— Todo domingo, as celas estão abertas, então dá pra dar uma escapadinha, aí tanto faz mulher com mulher ou mulher com homem — explica Marcela. Faz uma com a parceira, a parceira sai. E reveza. Não é que nem a PFC [Penitenciária Feminina da Capital], que não dá mesmo. Mas também tem que tomar muito cuidado porque, às vezes, as guardas entram no meio da visita. Pra não pegar, né? E se pegar vai de castigo. Trancadinha dez dias, visita não entra por seis meses.

— Hoje tá um pouco mais liberado, mas muitos funcionários criticam. Se andar de mão dada já brigam, você não pode dar um beijo na sua mulher — Vera complementa. — No semiaberto não pode. Se for beijar sua mulher na hora de ir embora, mesmo que seja assim, escondidinho, as guardas já reclama, fala que isso é feio na frente das pessoas, é complicado, muito complicado. Preconceito tem. Das presas, não, as presas hoje já se acostumaram. De boa. Acho que é por parte das funcionárias mesmo, diretores. Por exemplo, uma vez cheguei na cadeia e a guarda jogou fora tudo minhas cuecas e disse que lá não é penitenciária masculina. E também acho assim: se eu tenho um relacionamento na rua, por que não deixar meu caso me visitar? Só porque meu caso já teve passagem? E daí? Hoje ela trabalha, não se envolve com crime há cinco anos que tá na rua.

---

[18]Trecho extraído de reprodução do documento na dissertação de mestrado em sociologia de Natália Corazza Padovani, *Vamos falar de sexo: os discursos sobre sexo em trinta anos na Penitenciária Feminina da Capital* (Unicamp, 2009)

O jeito, Vera diz, é esperar as saidinhas e "tirar o atraso". Mas as saidinhas são apenas cinco no ano e, às vezes, ela tem que ficar três meses sem ver a esposa. A pior parte, para ela, é que isso significa três meses sem visita alguma. Isso acontece porque àquelas que são casadas, é permitido colocar em seu rol de visitas o nome da família *e* do marido. As que não são casadas legalmente têm que escolher entre família *ou* "amigos". E Vera também não pode tirar a esposa do rol porque somente pessoas cujo nome está no rol podem enviar itens de subsistência por Sedex.

— Eu tirei minhas irmãs, que vinham de vez em quando me visitar, pra minha mulher vim me ver. E ela entrou três vezes só. Daqui a três meses, se eu quiser tirar ela e pôr minha família de volta, eu até posso. Mas tenho que opinar: ou ela ou minha família. E tá ela no meu rol (mesmo que não pode entrar) porque é ela que me manda Sedex. A minha filha quem cuida é uma amiga minha — como eu passei a guarda pra ela, só ela pode me visitar. Mas, lá no semiaberto, minha filha foi me visitar três vezes só, não quero que ela vá muito não. A visita lá é muito ruim. Precisa ver em dia de chuva, só tem uma coberturazinha assim, mas tá caindo aos pedaços. Cheio de cocô de gato, pombo pra todo lado. Tem que forrar o chão pra sentar com a família. Então ela veio três vezes e eu já falei "não vem mais, quando for minha saidinha eu vou pra casa".

Eu cheguei a telefonar na Penitenciária do Butantã para checar as informações, inventando uma história similar. Afirmei ao funcionário que atendeu que minha namorada estava presa ali e eu gostaria de saber se poderia visitá-la com sua mãe e sua filha. Espantado, ele respondeu:

— Namorada? Namorada não pode não. Tem que, pelo menos, ter contrato de amásia.

— Como assim, uma união civil, é isso?

— É um documento que você tira no cartório, sem isso não entra não...

— Não é mais fácil eu entrar como amiga, então?

— Amiga só entra se a reeducanda não tiver parente. Para você entrar de amiga, tem que tirar a filha e a mãe do rol.

— Deixar ela sem ver a filha?! Mas isso seria cruel!

— Bom, aí vocês escolhem o que fazem, a regra é assim.

Desliguei agradecendo educadamente e dizendo que providenciaria, o quanto antes, o tal contrato de "amásia", porque nunca na vida ia separar uma mãe de sua filha, não como o Estado havia feito com Vera.

Ao fim da conversa, perguntei às duas se elas gostariam de ser chamadas por um pseudônimo quando eu contasse as suas histórias. A ideia parece ter ofendido Vera.

— Quero chamar Vera! Eu sou eu. Em qualquer lugar que eu vou, eu sou eu!

E eu entendi que ela não queria mais se esconder. Em nada.

Maria sofrida

"Maria sofrida se põe a pensar:

Em meio à cidade está o seu lar.
A cidade é grande e também popular,
Quem sabe alguém poderá lhe ajudar?

Num canto da casa, um berço está,
Contendo seu filho que se põe a chorar.
Pois saiba que o pranto dá dó de pensar...
Vem indesejado, não foi por amar,
Mas agora existe, quer se alimentar
E alimento não tem no meio do lar.

Desesperada, decidiu transgredir a lei que a formava
Passou a matar e também roubava.
Meses depois, aparece entre as grades um rosto desigual
Para ela, agora, a cadeia era um final.

Dois dias depois uma carta chegou,
Era de uma vizinha, que com ela se preocupou:
'Não temas, Maria' – e assim a confortou
E a partir desse dia, de seu filho cuidou.

Doze anos depois, o seu nome escutou
A guarda chamava. Correu e parou.
'O que você tanto esperava, agora chegou'
O portão se abriu e a libertou.

Chegando em casa, uma cena a aterrorizou:
Sua casa, com faixas, os guarda fechou.
Desesperada, pulou o isolamento
Entrando na casa, o maior tormento:

Seu filho, pelas droga, ia perecendo
No chão se jogou, em pranto e lamento.
Se sentiu culpada pelo acontecimento,
Pois deveria estar lá em todos os momento.

Maria sofrida e seu sofrimento."

Gardênia, quando em castigo por muitos dias.

Vanessa

Quando Vanessa começou a soletrar o som das palavras pela primeira vez, Júlia teve um dos seus poucos momentos de contentamento na penitenciária. Para Júlia, sua colega de cela nunca devia ter sido colocada na cadeia, mas abraçada, ensinada e cuidada como nunca foi na vida. Ela havia nascido na rua e se tornado pedinte na primeira infância para sustentar o vício da mãe em crack. Aos 7, a mãe achou por bem introduzir a filha à sua maior alegria: estendeu-lhe o cachimbo, ensinou-a a acender a pedra e tragar.

Vanessa não conhecia coisas básicas da vida no século XX. Nunca tinha ouvido falar em Cepacol e achou que tinha algo a ver com samba na primeira vez em que Júlia contou a ela sobre o produto que ajudava a tirar o mau cheiro da boca. Quando, pela TV do presídio, soube da existência das hidromassagens, desatou a rir de alegria e surpresa.

Aos 14 anos de idade, Vanessa havia conhecido um rapaz, Diego, rato de rua como ela, esse tipo de quem as pessoas tinham nojo e medo. Os dois partilhavam a paixão pelo crack e um pelo outro e se tornaram um casal desde antes do corpo amadurecer pro sexo. Tiveram uma filha, que foi tomada pelo Estado. Foram presos juntos por algum dos delitos aos quais o crack os conduziu.

Ao chegar à cadeia, Vanessa sofreu a desintoxicação ao suor e aos gemidos. Queria se recuperar, aprender a ler, arrumar um emprego, fazer escova "poguessiva" no cabelo, ficar bonita, ir num "Maquindonaldins" e recuperar sua filhinha. Júlia a escutava chorar até dormir, dizendo palavras doces pra essa garotinha, que já havia sido adotada há tempos por uma família que a amava. Vanessa nunca mais poderia vê-la e, se tentasse, seria presa.

Júlia sentia pena. Vanessa não tinha tido metade das chances que a maioria ali havia encontrado na vida. Todas as noites, lia algumas páginas de livros com ela, explicava sobre as coisas que ela poderia usufruir no mundo quando estivesse sóbria e em liberdade.

Em alguns anos, Diego foi liberado. Ela esperou por ele todos os dias junto às grades, mas ele nunca chegou. Aprendeu a digerir também essa amargura. Entrou na escola, começou a trabalhar e juntar dinheiro para se reerguer quando a liberdade viesse.

No dia da primeira saidinha de Vanessa, Júlia ficou tão feliz que parecia que era uma irmã dela que obtinha o benefício.

— Gente, graças a Deus, hoje eu estou recuperada — a menina tagarelava —, o Dieguinho vai ficar lá usando as droga dele, porque eu não vô usar nada com ele. Olha, Julinha, eu vou até fazer uma poguessiva no meu cabelo, já estou com dinheiro e tudo. Vou até arrumar outro namorado e ter outra filha!

E Júlia pensava: "Olha a recuperação: ela quer se cuidar, fazer uma progressiva, se sentir bonita. Voltou a ter autoestima. Dá até vontade de pegar ela na rua e levar nos lugares pra ela ver como era bom tudo que ela não conhecia."

Vanessa apertou os mil reais no bolso e prometeu ir ao salão de beleza, tomar banho de hidromassagem e ver se encontrava a mãe. Júlia lembra de vê-la sair cheia de esperança no rosto.

Ela nunca mais voltou da saidinha.

Um mês depois, Júlia conseguiu falar com a cunhada de Vanessa, que a havia encontrado na rua, a consciência perdida para o crack.

— Pelo jeito, ela achou o namorado, o Diego. E aqueles mil reais... Eu só ficava com esses mil reais na cabeça. Com mil reais, gente, imagina quanto que ela não usou de droga? E cadê a recuperação que ela mostrou pra gente? Acabou quando não tinha mais ninguém para apoiá-la. Esse é o medo.

Eru

A confusão com o caminhão perdido da companhia de energia elétrica havia levado Glicéria à cadeia, mas quando cheguei à aldeia dos Tupinambá, na serra do Padeiro, quatro anos depois, 536 famílias já tinham luz, além da escola, que agora podia exibir vídeos educativos para as crianças. Glicéria dizia, orgulhosa, que tudo era fruto do trabalho de seu povo, trabalho do qual ela havia participado. E até se orgulhava um pouquinho de ter sido presa por isso.

Na aldeia, as moradias eram pequenas e simples, algumas de madeira, outras de concreto, mas todas muito dignas. A casa de Glicéria era azul e tinha uma porta amarela de madeira que vivia aberta para quem quisesse entrar. O clima era quente e úmido, mesmo no meio do inverno, mas a temperatura era aliviada por água de coco e frutas do pé. Durante as aulas, aliás, as crianças podiam correr pela floresta aprendendo de onde vinha cada fruto e roubar alguns das árvores para se lambuzar.

Eru, agora um lindo molecote esperto e sorridente, às vezes corre até a escola para ver as aulas da mãe. Ele tem um sorriso largo, uma linda pele acobreada e olhinhos negros espertos e grandes. Glicéria nunca contou a ele que os dois já moraram na cadeia. Ela tem medo de alimentar traumas no menino antes da hora. Ela sabe, é claro, que um dia ele vai descobrir, mas está esperando o momento certo para abordar o assunto.

Na aldeia, os adultos brincam chamando Eru de "perigoso", o menino que foi preso ao nascer. Ele não entende a piada e a mãe cai no riso quando a escuta.

Eru tem uma saúde teimosa. Quando voltaram do presídio, a comunidade veio recebê-los em festa e ninguém deixou de notar duas coisas: Glicéria estava puro osso, mas Eru nunca esteve tão roliço. Estava bem gripado, é verdade. As celas em que moraram eram abertas e naquele clima de sertão de Jequié, enquanto o calor do dia era escaldante, as noites eram frias de doer os ossos. Mas o menino sobreviveu e cresceu uma infância feliz.

Ele ama o seu povo, a sua mãe, a sua terra e, principalmente, o seu cacique Babau. Na última prisão de Babau, em 2014, Eru se ofereceu para assinar a petição que demandava a soltura do tio. Não entendia por que só gente grande podia escrever o nome ali se ele também concordava com a causa. Outro que ganhou os seus afetos foi o novo namorado de Glicéria, um homem um pouco mais velho, motorista de caminhão, um tipo pacato e de um sorriso sincero, simples e cativante.

Glicéria e Eru refizeram a vida e a cadeia virou uma lembrança distante. Eru aprendeu sobre os segredos da terra que seu povo cultiva, a cara de cada fruta e cada pé e onde se escondem os encantados. Ele brinca de pintar o rosto de urucum e jenipapo, participa dos rituais de seu povo e acredita que a Caipora é o melhor dos encantados da região, porque vive protegendo os guerreiros na floresta, enquanto correm da polícia.

Acima de tudo, Eru é um menino de coração escancarado.

Na televisão, que chegou à aldeia há poucos anos, Eru adora o Bob Esponja, mas também os programas com histórias de amor dos adultos. E foi num dia desses, assistindo a um romance comigo, que o pequeno me lançou a seguinte proposta:

— Você podia ser a minha namorada — sugeriu, em uma voz quase interna de tão baixa e avergonhada.

— Mas, Eru, eu já tenho marido.

Puxei da carteira um retrato sorridente e espontâneo de João, que Eru mirou desconfiado. Seus olhinhos se encheram de água e eu percebi que quebrara seu pequeno coração pela primeira vez na vida.

— Nana... você me deu uma vontade de chorar agora...

Um dia você vai entender, Eru, que de uma forma bem mais bonita, eu também estava apaixonada por você.

Dia das Mães

Ele não deve ter mais que 7 anos. As mãos passam fácil por dois buracos das grades quadriculadas lilases da portaria da Penitenciária Feminina do Butantã, em São Paulo. O rostinho fica entre elas, com o nariz e a boca encaixados em uma abertura. Há trinta minutos ele está assim e não se move. Não se importa nem com o sol na cabeça. Olha fixamente para a porta do presídio, de onde vêm as presas do semiaberto para sua saidinha de Dia das Mães.

Depois de cumprir parte de suas penas com bom comportamento, as presas podem tentar uma progressão para o regime semiaberto. Aquelas que conseguem têm o direito de trabalhar fora e voltam ao presídio só para dormir. As que não arrumam emprego, ao menos vão para casa nas chamadas saidinhas. São cinco as saidinhas as quais elas têm direito em um ano: Páscoa, Natal/Ano-Novo, Dia das Crianças, Dia dos Pais e, claro, Dia das Mães. É uma maneira de fazer com que a reinserção social das presas seja gradual e monitorada, ou seja, caso se comportem mal ou voltem à vida antiga, a polícia as estará observando de perto e pode puni-las, até aumentando sua pena, se considerarem necessário.

Pouco atrás do nosso pequenino, uma mulher baixa de uns 60 anos, cabelos descoloridos e batom vermelho nos dentes explica que elas estão sendo liberadas em ordem alfabética. A maioria delas nem sequer vê que o menino está ali. Saem com os olhos fixos no aglomerado, na esperança de que alguém as tenha vindo buscar. Na espera por alguém que as espere.

As famílias, que aguardam desde as oito da manhã, são de todos os tipos. Alguns (a maioria) de aparência humilde, usando chinelos havaiana e camisetas; outros, de classe mais elevada, vêm perfumados e bem-vestidos em seus carros. Naquele dia, especificamente, havia até mesmo um homem muito distinto, esperando dentro de um táxi — e com o taxímetro ligado.

Na porta do semiaberto há mais homens do que o normal das penitenciárias femininas, mas, mesmo assim, a maioria do público é de avós, mães, irmãs e crianças pequenas. Alguns têm peles muito claras, mas a grande parte oscila entre os mais diversos tons de marrom.

Eles disputam espaço com os ambulantes que vendem café da manhã, salgados e até cerveja para quem sai do xadrez morrendo de saudade de uma geladinha.

— Olha que bonita, saiu de liberdade! Toma aqui um uísque! — diz uma das parentas a uma presa que acabara de cruzar o portão.

Uma outra chega perto dessas duas e as cumprimenta fazendo o formato de uma arma com as mãos.

— Eu sou do crime! — ela grita.

Com o tempo, o aglomerado vai aumentando, porque as presas não saem correndo para casa, mas param na porta para beber juntas, tirar fotos e acertar as contas. São mais de trinta notas de cem e cinquenta circulando entre uma e outra e nomes sendo cruzados de listas. Uma das chamadas "sapatões" começa a gritar com uma moça de cabelos encaracolados:

— É isso que te devo. Pra ela não devo mais nada desde que soube que a vadia tá com outra.

— Vai se foder! — a outra responde, aceitando um maço de notas de dez e segurando a vontade de brigar.

Estão em suas melhores roupas. A massa é um festival de estampas listradas, brilhantes e de oncinha. O chão é pisado por saltos plataforma e agulha — e, eventualmente, tênis, nos pés das "sapatões". As tinturas de cabelo estão retocadas e a maquiagem é de festa de gala.

— Nossa, mas tá uma gata!

Nada dessa agitação distrai o nosso pequenino da sua espera devota. Mas, como já faz 45 minutos que está ali, pergunta à tia quanto tempo falta para a mãe sair.

— Mais uns minutinhos.

Ele franze a testa, morde os dedos e olha pros pés que balançam sandalinhas novas azuis. Também ele usa o que deve ser sua melhor roupa: uma bermuda jeans e uma camiseta de um vermelho muito vivo. Contenta-se com a resposta e, disfarçadamente, entra um pouquinho pelo portão, encurtando em dois passos a distância da mãe que nem vê ainda.

Então, Vera passa por ele. A cabeça raspada em baixo, roupas largas e uma camisa polo listada de azul-marinho. Anda procurando por alguém.

— Meu amor deve vir me pegar — e some de vista em disparada, atrás da namorada que, provavelmente, não pôde vir mais uma vez. Nem um mês depois, Vera perderia o benefício do semiaberto.

Procuro por Marcela e Gardênia e não as encontro. Devem ter saído discretas como sempre. Júlia e Camila já estão do lado de fora, cada uma esperando por sua família. Camila tem um celular e fala com alguém:

— Eu também amo muito você... — imagino que seja seu caçula.

Quem não tem família se organiza em duplas ou trios para pegar o ônibus. Desatualizadas, elas não têm Bilhete Único e têm que pagar com dinheiro, às vezes duas tarifas.

No Pavilhão ao fundo, detentas de castigo ou que não tiveram ainda a permissão de saída dada pela Justiça se amontoam nas janelas. São quatro, cinco, seis em cada uma, gritando e tentando ganhar a atenção das pessoas na rua. Júlia tira os óculos de sol e diz:

— Dá dó de ver isso, é muito torturante.

A voz da "sapatão" do uísque encobre a de Júlia. Ela diz a alguém:

— Eu falei pra ela não se meter que sou criminosa. CRI-MI--NO-SA. Eu falei!

A minha atenção é tomada pela ameaça e eu olho naquela direção. E lá no fundo vejo Safira. A mulher de batom nos dentes pergunta a ela quanto tempo faz que está ali.

— Um ano e meio, mas tô como você me conheceu, evangélica e não mexo com mais nada de errado.

— Como conheci, tirando a parte que não se mete mais nos bagulho. E eu falei tanto pra você, eu tava também no barato, que era uma vida errada e você não ouviu.

— Às vezes ó — bate os punhos um contra o outro — a gente tem que quebrar a cara pra aprender.

Eu interrompo a conversa e Safira fica surpresa em me ver. Ela tingiu os cabelos em um ruivo mais claro e os prendeu com pequenas borboletas brilhantes. Usa uma camisa branca comportada, jeans e saltos altos.

— Comecei a fazer um curso aqui, de auxiliar administrativo, eles dão uma ajuda de custo e tenho tempo pra organizar os cultos. Tô a menos de mês de sair de liberdade, pegar condicional. E sabe o quê? Vou casar!

E lá no canto vejo um Douglas ainda mais magro e mais alto do que ela havia descrito, meio desajeitado e muito circunspecto, encostado em um carro. Os olhinhos são pequenos, mas extremamente verdes e impactantes em contraste com sua pele jambo. Safira chega perto, enrosca um braço ao redor dele e diz que foram convidados para um baile gospel no fim de semana. Ele economiza as palavras. Quando me apresento, diz um 'oi" meio desconfiado. Safira continua a tagarelar enquanto ele escuta em silêncio e concorda com a cabeça; sério, mas amoroso. Eu me distraio da conversa para olhar o portão novamente.

A mãe do nosso pequenino havia aparecido. Cruza um portão, outro. Ele observa estático seus movimentos, como se ela fosse uma aparição sobrenatural. É uma mulher jovem, de pele cor caramelo e cabelos alisados até o ombro e um andar muito feminino. Tem os traços do rosto delicados, e um corpo apoucado e magro ao qual ele se agarra. Fica com a cabeça escondida na barriga dela e os bracinhos ao redor do corpo, apertando-a bem forte. Em algum tempo a atenção da mãe se dispersa e ela começa a conversar com as outras parentas, mas ele não se importa. Continua firme com o nariz colado em sua blusa. Quando cansa da posição, uns dez minutos mais tarde, ele prende a mão dela entre as duas mãozinhas juntas, com uma força que parece desproporcional para um menino daquele tamanho.

Safira percebe que estou observando a cena e diz algo como "ele é um fofo", mas minha cabeça já está longe. Estou pensando no que a Júlia uma vez me contou sobre as saidinhas.

— Você sabe o que é você voltar de uma saidinha? Na primeira vez, eu fiquei quatro dias em casa e, quando cheguei aqui, dormi o dia inteiro revoltada. Você tem nojo do lugar. Acorda e acha que ainda tá na sua cama...

Mal a mãe tinha chegado, e o pequeno já estava prevendo a perda. Por isso devia agarrá-la tão forte, como se pudesse impedir que a separação chegasse. Eu viro pra ele e digo:

— Tudo bem, meu anjo, hoje ainda é Dia das Mães.

Este livro foi composto na tipologia Bell MT Std, em corpo 12/17, e impresso em papel off-white no Sistema Cameron da Divisão Gráfica da Distribuidora Record.